Dr. Oetker

Garnieren Verzieren Dekorieren

Dr. Oetker

Garnieren Verzieren Dekorieren

Dr. Oetker Verlag

Vorwort

Fantastisch! Zauberhaft! Wunderschön! Solche Reaktionen der Gäste kann der Anblick von Tisch und Speisen schon mal auslösen. Grund für die Begeisterung sind bis ins Detail stimmige Tischdekorationen und kunstvolle Garnierungen der Speisen. Um Tafel und Gerichten ein professionelles Antlitz zu verleihen, braucht es weniger den Profi. Vielmehr bedarf es dem „Gewusst wie". Und darum geht es in diesem Buch.
Es steckt voller Tipps, Tricks und bebilderten Anregungen. Denn oft lassen sich mit wenigen Mitteln sehr effektvolle Dekorationen und Garnierungen zaubern. Umgekehrt funktioniert es natürlich auch. Einfache Gerichte werden durch außergewöhnliche Verzierungen zu appetitlichen Hinguckern. Aus jeder Geselligkeit lässt sich etwas Besonderes machen. Von der spontanen Einladung bis zum großen Familienfest finden sich in den folgenden Kapiteln viele Ideen und Anleitungen zum Garnieren, Verzieren und Dekorieren. Von einfach bis ungewöhnlich und von rustikal bis elegant. Außerdem viele Vorschläge zum Selbermachen. Mit bebilderten Schritt-für-Schritt Erklärungen zum einfachen Nachmachen. Häufig findet sich bereits einiges in Haus und Garten, was sich zur Dekoration eignet. Spielend leicht entsteht daraus toller Tischschmuck oder ein Themen-Buffet. Ob stimmungsvolle Dekoration, appetitliche Garnierung oder kunstvolle Verzierung – das Ziel ist, die Freude am Genuss zu steigern. Mit diesem Buch gelingt das jedem.

Wir wünschen Ihnen viel Freude beim Überraschen Ihrer Gäste!

Inhalt

Dinner for two –
stimmungsvoll genießen 10–17
Blumen – sagen mehr als Worte 12
Servietten – haben Stil 14
Gezuckerte Blüten und Früchte. 17

Osterbrunch –
Frühling auf dem Tisch 18–27
Frohe Ostern – selbst gemacht. 20
Bezaubernde Eierparade 22
Butter – figürlicher Schmelz 24
Kunst aus Käse 27

Muttertagsfrühstück –
liebevolles Dankeschön 28–35
Schleifen – Bänder der Liebe. 31
Zitrusfrüchte – sauer macht lustig 32
Ein Muttertagstraum – Erdbeerkuchen . 34

Sektempfang –
ein prickelndes Ereignis 36–45
Gläserdekorationen – klirrende Schönheiten 38
Fingerfood – fantastisch handlich 41
Cocktails und Canapés –
geadelte Genüsse. 43
Schokoladenfrüchte –
unwiderstehlich gut. 44

Picknick –
Schlemmerpause im Grünen 46–53
Freiluftmenü – der Appetit kommt von allein 49
Transportfertiges Picknickmenü 50
Picknick 52

Kinderfest –
fantasievoll inszeniert. 54–67
Anregungen und Ideen 57
Wackelpeter – beliebter Glibber 58
Gelee – transparente Kreationen 60
Kuchen – klein aber fein 63
Hits for Kids 65
Marzipan – süße Knete 66

Kaffeetafel –
die schönste Zeit des Tages 68–79
Festliche Sommertorte. 70
Zuckerguss – Verzierungen aus der Tüte 72
Marzipanhülle für Torten 74
Tortenverzierungen mit Schablonen.... 76
Tortenzauber – verzieren
und dekorieren 78

Hochzeit –
das Glück verschönern. 80–89
Hochzeitssuppe – hübsche Einlagen... 82
Desserts – süß, wie die Liebe 84
Rosetten und Girlanden. 86
Naschwerk zum Verlieben 88

Italienischer Abend –
die pure Lebensfreude 90–99
Farbenspiele und Füllungen 93
Tomaten – sonnenverwöhnte Schönheiten 94
Der Duft des Südens – Kräuter........ 96
Melonen und Feigen – fruchtige Dekohits 98

Japanischer Abend –
fernöstliche Lebensart 100–111
Typisch japanisch 103
Japanische Gemüsedekorationen...... 104
Kunstvolles Zierwerk 106
Schöne Schnitttechniken 108
Exoten auf dem Tisch................ 111

Buffet –
heißkalte Überraschung.............. 112–123
Von der Platte zum Blickfang 114
Äpfel und Birnen – verspielte Früchte .. 116
Buffet – Vielfalt für Auge und Gaumen . 118
Süße Show – Flambiertes & Flammeri . 120
Ran an's Buffet – der Aufbau 122

Erntedankfest –
kulinarisches Dankeschön 124–131
Erntedankbuffet – natürliche Pracht.... 126
Fladenbrot & Quiche 129
Gebackener Blumenkorb 130

Adventstee –
gemütliche Vorfreude 132–141
Adventsschmuck für den Tisch 134
Sandwiches – feine Brotzeit 136
Käsestangen – pikante Knabberei 139
Plätzchen – schöne Weihnachtsbäckerei 140

Weihnachtsmenü –
der Höhepunkt des Jahres 142–149
Es weihnachtet auf dem Tisch 144
Festtagsbraten – appetitlich dekoriert . . 146
Kartoffeln – festliche Variationen 148

Katerfrühstück – schnell wieder fit 150–155
Muntermacher fürs Frühstück 152
Katerkiller – Rollmöpse & Co 154

Werkzeuge – praktisch und speziell 156–157

Register 158–159

Dinner for two – stimmungsvoll genießen

Es gibt Momente im Leben, die möchte man nur mit einer einzigen Person teilen. Meistens genießt man diese besonderen Momente mit dem Menschen, den man liebt. Aber das Wiedersehen mit der besten Freundin kann ein ebenso schöner Anlass für ein Essen zu zweit sein. Ohne großen Aufwand lässt sich das gemeinsame Abendessen zuhause in ein stimmungsvolles „Dinner for two" verwandeln.

Rendezvous der Sinne

Wunderschön aufeinander abgestimmt zaubert die Dekoration pure Romantik auf den Tisch. Das feine Tischtuch, dazu das Spitzenband, die Rosen und Kerzen sorgen für eine festliche Note. Besonders romantisch wird's mit zarten Farbtönen, wie rosa in Kombination mit hellem grün. Sehr effektvoll kommen Ketten aus geschliffenen Glassteinen zur Geltung. Farblich abgestimmte, frische Blumen als Strauß oder Gesteck machen das Tisch-Outfit vollkommen. Eine so zauberhafte Atmosphäre lädt zu einem mehrgängigen Menü ein. Dazu bieten sich verschiedene, leichte Köstlichkeiten in mehreren kleinen Portionen an. Gemüse in allen Variationen, Fisch mit feiner Sauce oder zartes Fleisch sind ideal. Wählt man Rezepte, die sich gut vorbereiten lassen, kann man die Speisen oder Garnituren auf den Tellern bereits anrichten. Als Vorspeise ist Salat der richtige Einstieg für den unvergesslichen Abend. Hier mit einer gebackenen Blüte aus TK-Blätterteig ergänzt. Genuss braucht Zeit und das richtige Ambiente.

Blumen – sagen mehr als Worte

Schon immer waren Blumen mehr als einfache, bunte Gewächse. Sie sind Botschafter. Blumen sprechen eine symbolische Sprache. Rosen stehen für die Liebe. Vergiss-mein-nicht für Freundschaft. Ganz dem Anlass entsprechend kann man mit den passenden Blumen ganz ohne Worte beeindrucken.

Zu jeder Jahreszeit lassen sich üppige Sträuße, zarte Gestecke und viele Dekorationen mit Blüten arrangieren. Im Garten oder Wald wird man schnell fündig. Aus Gräsern, Zapfen, Moos, Zweigen, Blättern und Farnen lassen sich tolle Tischdekorationen fertigen. Farblich abgestimmte Kerzenlichter und Bänder komplettieren die Arrangements. Eine Tischregel gibt es allerdings zu beachten: Je kleiner der Tisch, desto niedriger sollte der Blumenschmuck sein. Die Blumen sollen schließlich nicht störend wirken. Daher sind flache Schalen oder ein Suppenteller für Gestecke besonders gut geeignet.

Rosen-Bouquet

Mit Blumensteckmasse ist alles kein Problem. Sie gibt dem Gesteck den richtigen Halt und hält es frisch. Ein passend großes Stück Steckmasse auf der Schale oder dem Teller befestigen. Dafür gibt es im Blumenladen spezielle Kunststoffhalter. Die Halter werden auf den Boden geklebt und die Steckmasse darauf fixiert. Die kurz geschnittenen, aufgeblühten Röschen zurechtlegen. Ebenfalls etwas grünes Moos, einige feine, grüne Zweige sowie grüne Rosenblätter. Zunächst wird die Steckmasse mit Blättern und einer dünnen Moosschicht getarnt. Danach die einzelnen Blüten- und Grünstiele arrangieren. Dabei dürfen die Blumen über den Tellerrand hinausreichen. Schön wirken auch kleine Efeuranken, die bis auf den Tisch reichen. Das fertige Gesteck mindestens zweimal täglich gießen oder über Nacht in Wasser legen. So hat man auch nach dem „Dinner for two" noch lange Freude daran.

Kleine Gläser-Etikette

Das richtige Glas für jedes Getränk zu verwenden ist nicht nur eine Frage des Stils. Der Geschmack des Getränks kann entweder beeinträchtigt werden oder voll zur Entfaltung kommen. Schade drum, wenn ein edles und teures Schlückchen beeinträchtigt wird, weil man ein falsches Glas benutzt. Denn jede Glasform hat ihren speziellen Grund. Beachtet man die Grundregeln, steht dem vollkommenen Genuss nichts im Wege. Leichte Weißweine serviert man mit 8 bis 10 Grad in schmalen Gläsern. Der schmale Kelch des Glases hält die Temperatur des kühlen Weins länger. Rotwein wird mit 16 bis 18 Grad temperiert in dickbauchigen Gläsern zur Hälfte eingefüllt. So hat der Rotwein eine größere Oberfläche zum „Atmen". Der Sauerstoff setzt dadurch die Aromastoffe frei. In Sektschalen werden Cocktails serviert. Für Sekt und Champagner sind Sektflöten besser geeignet. Die Kohlensäure hält sich in dem hohen, schlanken Glas länger. In der hohen, schmalen Biertulpe bleiben Schaum und Temperatur möglichst lange erhalten. Durch die hohe, schlanke Form des Sherrykelchs verfliegen Alkohol und Aromen nicht so schnell. In dem Minikelch für Obstbrände steigen die Aromen wie durch einen Trichter nach oben. Cognac braucht ebenfalls viel Platz, um sein Bouquet voll zu entfalten. Darum sind Cognacschwenker besonders volumig. Das verwendete Wasserglas sollte groß genug sein und zu den anderen Gläsern passen.

Servietten – haben Stil

Passende Stoffservietten zum Tischtuch sind das Non-plus-ultra. Raffiniert gefaltet unterstreichen sie die Besonderheit des Anlasses. Servietten falten ist eine Kunst für sich. Trotzdem leicht nachzumachen, wenn man die Tricks kennt. Es sieht komplizierter aus, als es ist. Das Wichtigste daran ist, dass die Servietten genug Stand haben. Dazu werden die Servietten beim Bügeln gestärkt. Spezielle Bügelsprays zum Stärken sind sehr praktisch. Durch die Griffigkeit des Stoffs halten die ineinander gesteckten Enden zusammen. Die Serviette kann aufrecht hingestellt werden und behält ihre kunstvolle Form. Servietten machen sich immer gut auf oder neben dem Teller. Selbst Papierservietten. Sie werden in so vielen Größen, Mustern und Qualitäten angeboten, dass sich eigentlich zu jedem Geschirr die passende Serviette finden lässt. Eine hübsche Alternative, wenn es schnell gehen muss und trotzdem Stil haben soll.

Serviette falten

Die quadratische Serviette einmal diagonal falten. Dann die spitzen Enden des Dreiecks nach oben zur rechtwinkeligen Ecke legen.

Ecke auf Ecke

Die Ecken müssen gerade übereinanderliegen. Die Faltstellen nicht zu fest in den Stoff drücken. So wirken die Servietten weich und natürlich.

Im rechten Winkel

Die Serviette wenden. Die gefaltete Seite liegt außen bzw. unten, die glatte Seite oben. Nochmals eine Seite diagonal falten, so dass die beiden spitzen Enden die Mitte des neuen Dreiecks bilden.

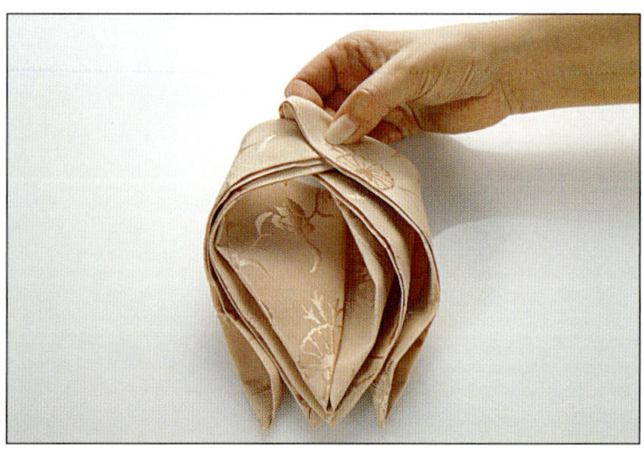

Eine Blüte entsteht

Die äußeren Enden nach hinten zusammenlegen. Nun die nach oben zeigenden Enden blütenartig zur Seite herunterziehen. Die erste Lage der oberen Spitze umlegen (siehe großes Foto). Aufstellen und fertig.

Gezuckerte Blüten und Früchte

Ein „Dinner for two" versüßt man gern auf ungewöhnliche Weise. Wie aus einer Sterneküche entsprungen sehen die Zuckerblüten und Zuckerfrüchte aus. Auf jeder Süßspeise und jedem Dessert können diese filigranen Gebilde als essbare Verzierung dienen. Es gibt eine Vielzahl essbarer Blüten: Rosen, Freesien, Hortensien, Holunderblüten, Veilchen, Stiefmütterchen, Ringelblumen, Begonien und Passionsblumen. Empfehlenswert zum Verzehr sind allerdings nur Bio-Blüten, z.B. aus dem eigenen Garten. Heimische Beeren und tropische Früchte eignen sich ebenso gut als gezuckerte Variante.

Gezuckerter Blütenreigen

Blüten sehen natürlich auch ohne Zucker wunderschön aus. Ungezuckerte Blüten, wie diese Kapuzinerkresse und Löwenmäulchen, dekorieren auch pikante Gerichte zauberhaft. Ein Hauch Puderzucker auf einer Rosenblüte oder den gelben Gänseblümchen-Margeriten setzt auf schnelle Art weiße Akzente. Die anderen Blüten in diesem gezuckerten Reigen wurden zunächst mit Eiweiß bestrichen, dann mit Zucker bestreut. Farbe, Größe und Sorte spielen dabei keine Rolle. Eisbegonien, Tausendschönchen, Rosen und Dahlienblüten – alle sehen sie märchenhaft aus.

Die Eiweißmethode (Foto links)

Beerenobst, auch mit Stiel und Blättchen, eignet sich besonders gut für ein Zuckerkleid. Dazu Eiweiß von frischen Eiern gut verschlagen. Die Früchte einzeln, stielweise oder in kleiner Anzahl hineingeben. Das Eiweiß sollte die Frucht vollständig umschließen. In Zucker wälzen und antrocknen lassen.

Die Sirupmethode

Eine Zuckerlösung aus 100 g Zucker und 75 ml Wasser dickflüssig einkochen lassen. Wird der Sirup warm auf die Blüten oder Früchte gestrichen, werden diese schlaff. Daher den Sirup gut auskühlen lassen.

Dann Früchte oder Blüten mit dem Sirup bestreichen. Mit Zucker bestreuen und möglichst sofort servieren. Bei längerer Zeit an der Luft werden die gezuckerten Früchte und Blüten feucht. Dann verlieren sie ihr schönes Antlitz.

Osterbrunch – Frühling auf dem Tisch

Ostern – ein schönes langes Wochenende wartet. Zeit zum Ausschlafen, Zeit für Familie, Freunde und Besinnliches. Die beste Gelegenheit für ein ausgiebiges, spätes Frühstück – ein Brunch mit allem Drum und Dran.

Farbenfrohe Kulisse

Die Vorahnung auf das Frühlingserwachen der Natur weckt so manchen kreativen Geist. Blühende Inspiration findet man um die Osterzeit bereits genügend. Das erste Grün im Garten lässt auf wärmende Sonnenstrahlen hoffen. Primeln in leuchtenden Farben, Narzissen, Tulpen und viele Frühblüher drängen farbenfroh an die Frühlingsluft. Der Hase und das Ei als Ostersymbole bieten viele Anregungen für Tischdekorationen, die sich leicht umsetzen lassen. Selbst gefärbte und bemalte Eier zum Bestaunen oder Essen gehören selbstverständlich dazu. Geschirr und Dekoration in kräftigen Farben bilden die perfekte Kulisse für den Ostertisch. Frische Blumen und Kräuter umrahmen die angerichteten Platten. Aus einem gebundenen Kräuterkranz (Anleitung Seite 97) wird ein schickes Osternest. Viele Blumenzwiebeln und Grassamen werden zum selber Vorziehen angeboten. Daraus lassen sich duftende kleine Frühlingsbeete herstellen. So wird der Brunch mit Familie und Freunden ein beliebter und fester Bestandteil des österlichen Brauchtums.

Frohe Ostern – selbst gemacht

Viele Symbole, viele Bräuche. Und ganz viel selbst gemachtes. Ob etwas gebastelt, gebacken oder zubereitet wird: Dieses Fest macht großen und kleinen Spaß. Besonders schön sind die gemeinsamen Vorbereitungen.

Eier werden in Hülle und Fülle gefärbt, kunstvoll bemalt oder verziert. Sehr schön wirkt ein Osternest mit unterschiedlich großen Eiern. Dazu eignen sich neben Hühnereiern, kleine Wachteleier und Eier von Zwerghühnern. Es gibt viele Techniken um die Ovale festlich herauszuputzen. Eine ganze Reihe Hilfsmittel und Substanzen werden im Handel angeboten. Kein Ostern ohne Hasen! Mit einfachen Methoden lässt er sich vervielfältigen – zum Beispiel als Plätzchenfigur oder Girlande. Eine Hasenschablone ist ein praktisches Hilfsmittel. Auf einen Mürbeteig gelegt, lassen sich so Plätzchen in Hasenform backen. Ein Osterhase gelingt auch aus Hefeteig. Traditionell wird aus Hefeteig auch das Osterbrot, ein Osterlamm,

Zopf oder Kranz gebacken. Drückt man beim Backen leere Eierschalenhälften in den Teig, entsteht eine Wölbung. Darin haben hart gekochte, bunte Ostereier einen sicheren Stand im Backwerk. Genauso kann man essbare Eierbecher aus kleinen Hefekränzen backen.

Zum Brunch gehört selbstverständlich alles, was zu einem leckeren und abwechslungsreichen Frühstück gehört. Und noch etwas mehr. Leichte Salate, gefüllte Eier, erfrischende Joghurt- oder Quarkspeisen und viele Früchte erweitern das Speisenangebot.

Eier färben – beliebte Tradition

Eier hartkochen, reinigen und gut trocknen lassen. In Schälchen verschiedene Farblösungen vorbereiten. Mit den Händen die Eier längs oder quer in die Lösung tauchen.

Fantasievolle Färbungen ergeben sich durch abwechselndes oder wiederholtes Eintauchen. Färbt man die weiße Eischale in nur einer Farbe, erhält man klare Töne. Soll das ganze Ei eine Grundfarbe erhalten, einfach in die Lösung legen.

Der Osterhase kann kommen!

Der Hasenreigen auf dem Tisch ist besonders hübsch. Für die Hasengirlande benötigt man einen langen Streifen farbigen Fotokarton. Den Karton fächerartig falten. Dann mit einer Schablone oder frei Hand einen Hasen auf das Deckblatt zeichnen.

Alle Flächen des Leporellos übereinanderlegen und mit einer Schere die Konturen ausschneiden. Darauf achten, dass die Figuren an den Armen und Beinen zusammenhalten. Die Hasengirlande auf oder am Tisch dekorieren.

Bezaubernde Eierparade

Das Ei spielt die Hauptrolle an Ostern – symbolisch, optisch und kulinarisch. Als Sinnbild der Fruchtbarkeit schlechthin gehört es einfach zum Frühling. Reichlich bunt und gut versteckt kommt mit den Ostereiern beim traditionellen Eiersuchen jedes Jahr wieder Freude auf. Es gibt unzählige Variationen in der Zubereitung von Eierspeisen und der Dekoration mit Eiern. Ob großes oder kleines Ei, gekocht oder gefüllt – Eier begeistern jeden.

Die essbaren Fliegenpilze ziehen mit Sicherheit die Blicke auf sich. Das lustige Tomatenkäppchen ist voller Tupfen aus Mayonnaise. Ein Sauerampferblatt bildet die Unterlage. Aber auch Raritäten wie Wachtel- oder Taubeneier an Kressebüscheln kommen bei den Gästen gut an. Appetitlich garniert und mit Eigelb und Senf gefüllt sind die Eihälften in null Komma nix von der Anrichteplatte verschwunden. Geröstete Pinienkerne, Paprikastreifen,

Kapernäpfel oder Paprikapulver mit Dill und viele Zutaten mehr eignen sich als Garnierung. Die Margeritenblüten aus Eiweiß und Eigelb, angerichtet auf Pimpinelle-Blättern, nehmen es mit so mancher Tulpe locker auf. Gekochtes Eiweiß lässt sich wunderbar schneiden, stückeln und würfeln. Die Eiersechstel mit Basilikum auf halbierten Kirschtomaten sind eine mundgerechte Variante.

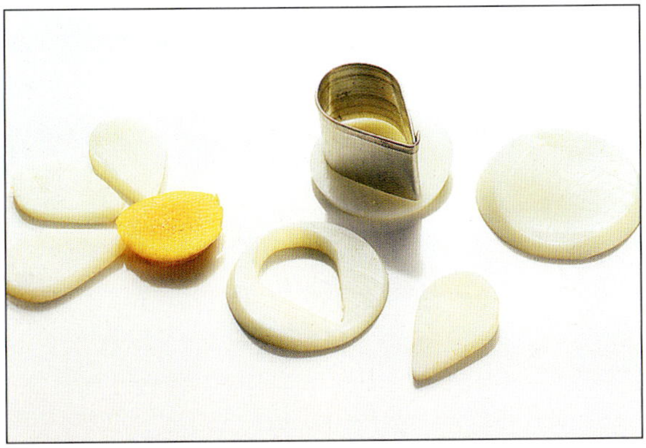

Eierblüten

Das Ei quer in Scheiben schneiden. Mit einem kleinen Ausstecher in Blattform aus dem Eiweiß einzelne Blätter ausstechen. Als Mittelpunkt der Blüte dient die Kappe des Eigelbs. Die Eiweißblätter rundherum anordnen.

Praktischer Eierteiler

Damit geht's schnell und sauber. Dieser Eierteiler schneidet aus einem Ei sechs gleich große Spalten. Es gibt auch Eierteiler für Eischeiben mit denen sich ganz einfach gleichmäßige Eiwürfelchen herstellen lassen.

Fliegenpilze

Von dem Ei jeweils oben und unten eine Eiweißscheibe abschneiden. Tomatenhälften auf das Ei setzen. Die Mayonnaise in einen Folienbeutel füllen und eine kleine Ecke abschneiden. Dann sehr feine Tupfen aufspritzen.

Pochierte Eier

Einen halben Liter Wasser mit einem Esslöffel Essig und einem halben Esslöffel Salz zum Kochen bringen. Das ganze Ei ohne Schale hineingleiten lassen und einige Minuten bei geringer Hitze gar kochen.

Butter – figürlicher Schmelz

Butter aus der Form

Mit Butterformen aus Holz oder Silikon lassen sich wunderschöne, plastische Figuren wie Blätter und Rosen herstellen. Wichtig dabei: Butter und Form müssen vorher in kaltes Wasser gelegt werden. So lässt sich die Butter wieder leicht aus der Form lösen.

Die kalte Butter fest in die Butterform füllen und herausdrücken. Die geformten Butterstückchen sofort in eine Schale mit Eiswasser geben. Das sorgt dafür, dass die Butter bis zum Servieren ihre Form behält und nicht aneinander klebt.

Attraktiv gerollt

Butter z. B. mit Frankfurter Kräutermischung oder Blüten von Löwenmäulchen vermengen (Foto rechts). Die gewürzte Butter auf Pergament geben, das Papier überschlagen. Mithilfe eines Messers eine Rolle formen und kalt stellen.

Butterlocken

Die hübschen Locken sind mit einem Buttergarnierer schnell gemacht. Damit die Butter nicht kleben bleibt, den Garnierer immer wieder in warmes Wasser tauchen. Einfach mit leichtem Druck über das Butterstück ziehen. Locken sofort in Eiswasser legen.

Handgeformte Butterrose

Mit flinken Fingern und gut gekühlter Butter lassen sich diese kleinen Kunstwerke schaffen. Dazu von einem Stück Butter mehrere dünne Scheiben mit einem nassen, kalten Messer abschneiden. Die Scheiben aufrollen. Mit der Blütenmitte beginnen. Neue Scheibe ansetzen und blütenartig herumlegen. An der unteren Seite etwas andrücken. Mit dem Messer zwei Blättchen ausschneiden, Blattmuster einritzen und an die Rose legen.

Kunst aus Käse

Ein Osterbrunch ohne diese himmlische Pracht – gar nicht vorstellbar. Bei der Vielzahl an Käsesorten kommen nicht nur Genießer ins Schwärmen. Mit den vielen fertigen Schnitt-, Weich- und Frischkäsesorten lässt sich so manches optische Highlight herstellen. Vom Einzelstück wie der Camembert-Torte bis zur üppigen Käseplatte – jede Sorte lässt sich toll anrichten.

Pikante Torte

Für die Käsetorte eignet sich Brie oder Camembert besonders gut. Die Füllung aus Frischkäse lässt sich ganz nach Geschmack herstellen. Vermengt mit Kräutern, Avocadomus, Nüssen, gedünsteten und fein gehackten Champignons, Paprika oder Pfeffer erhält der Frischkäse seine persönliche Note. In einen Spritzbeutel gefüllt, lassen sich mit dem verfeinerten Frischkäse schöne Tortengarnierungen zaubern. Als i-Tüpfelchen zieren Oliven und Streifen von gelber Paprika die Käsetorte mit der Kräutermasse. Auch Früchte, wie grüne oder blaue Trauben und Walnüsse passen gut als Garnierung. Früchte harmonieren geschmacklich hervorragend mit Camembert oder Briekäse. Eine leckere, fruchtige Variante ist eine Füllung aus gewürfelten, gedünsteten Williamsbirnen.

Kräuterpakete

Kleine Dreiecke aus Weichkäse schneiden. Mit feinen Schnittlauchröllchen oder anderen fein gehackten Kräutern bestreuen. Einen Schnittlauchhalm herumlegen und verschnüren.

Käseornamente

Schnittkäse-Scheiben sind langweilig. Mit Ausstechern entstehen fantasievolle Formen. Verschiedene Größen der gleichen Form übereinanderlegen und beispielsweise mit Olivenscheibe verzieren.

Üppige Käseplatte

Je mehr Sorten desto schöner. Vorne rechts liegt Edamer in Scheiben gleich neben den Kräuterpaketen. Die dreieckigen Schinkenkäsescheiben werden umspielt von einer Zucchini. In der Mitte macht der Steppenkäse in Stücke eine Polonaise. Daneben mit Frischkäse gefüllte Cocktailtomaten. Käsespießchen mit Trauben gehören immer dazu. Die Camembertecken sind zusätzlich mit einem Tuff aus Frischkäse bespritzt. Dazwischen füllen die Käseornamente den verbleibenden Platz.

Muttertags-frühstück – liebevolles Dankeschön

Mit einem fertig gedeckten Frühstückstisch beginnt der Tag der Tage für alle Mütter perfekt. Während Mama noch schläft, machen sich Mann und Kinder an die Vorbereitungen. Alles soll wunderschön aussehen. Schließlich soll die Überraschung perfekt sein. Am Muttertag gibt es auch Mamas Lieblingsspeise schon zum Frühstück – Erdbeerkuchen.

Schön, dass es dich gibt!

Gar nicht schwer, so ein schön gedeckter Frühstückstisch. Und alle dürfen helfen. Eine weiße Tischdecke macht schon mal den ersten guten Eindruck. Ein rotes Herz als Platzdeckchen für die beste Mama der Welt ist eine tolle Idee. Das Herz wird einfach aus roter Lackfolie oder farbigem Tonkarton zugeschnitten. Herzen sind sowieso in jeder Form ein wichtiges Symbol am Muttertag. Dazu Blümchengirlanden, Schleifen aus Satinbändern und passende Stoffservietten – Mama wird begeistert sein. Der Tisch steht voller Leckereien. Duftende Croissants, Müsli mit frischen Früchten, Melone mit Schinken, eine Camemberttorte und ganz viel Obst. Alles lässt sich gut auch schon am Vorabend vorbereiten. Dann die Platten mit Frischhaltefolie abdecken und in den Kühlschrank stellen.

Schleifen – Bänder der Liebe

Schleifen sind schön und praktisch. Am Muttertag sind sie sogar ein Symbol für die Kraft der Liebe. Satinbänder gibt es vom Meter in jeder Farbe. Je nach Anlass oder vorhandenen Farben bringen Schleifen schwungvolle Eleganz auf den Tisch. Ein Satinband als Schleife um die Serviette ist eine hübsche Alternative zum Serviettenring. Fixiert man die Schleifen mit Draht, können sie immer wieder verwendet werden. Das schaffen auch Kinderhände und Ungeübte. Zusätzlich mit frischen oder künstlichen Blumen verziert wirken die Schleifen besonders liebevoll.

Dekoschleifen selbst gemacht

Dafür eignet sich Satinband von 4–5 cm Breite. Beim Kauf darauf achten, dass das Band eine gewisse Steifigkeit hat. Die Schleifen lassen sich dann besser legen und bleiben in der gewünschten Form.

Schleifen werden nicht gebunden, sondern gelegt, sonst würde das Band kraus. Das Band zu einer beliebig großen Schlaufe legen, die Enden über kreuz. Mit einem Drahthefter in der Mitte klammern. Die Schleife in Form zupfen.

Mit Blumendraht lassen sich unterschiedlich große Schleifen aufeinander binden. Die größte Schleife zu unterst. So lassen sich schöne Farbkombinationen in einer einzigen Schleife zusammen stellen. Auch kleine Gegenstände oder Blümchen lassen sich per Draht befestigen.

Zitrusfrüchte – sauer macht lustig

Gesunde Ernährung fängt beim Frühstück an. Mütter brauchen viel Energie, um allen Aufgaben rund um Familie und Beruf gerecht zu werden. Schon morgens mit einem Vitaminschub zu starten, ist die beste Voraussetzung für einen erfolgreichen Tag. Ideale Energiequellen sind Zitrusfrüchte. Reich an Vitamin C und vielen hochwertigen Inhaltsstoffen ist die Auswahl der Südfrüchte groß. Orangen, Mandarinen oder Grapefruits – gesund sind sie alle.

Das Schälen der Früchte lohnt die Mühe allemal. Wenn die Früchte ganz frisch sind, lassen sie sich leicht schälen und schneiden. Bei fri-

schen Früchten ist die Schale glänzend, fest und saftig. Feststellen lässt sich das leicht. Die Schale einfach mit dem Fingernagel anritzen. Spritzt aromatisches Öl aus der Schale ist die Zitrusfrucht frisch. Grapefruits sind etwas bitter, aber deshalb auch besonders gesund. Ihr Saft löscht wunderbar den Durst. Ob bitter oder süß, im Geschmack variiert die Grapefruit je nach Züchtung. So schön mit Kiwischeiben, Erdbeeren, Melonenkugeln und Johannisbeeren garniert wird jede Grapefruit unwiderstehlich.

Grapefruit zum Auslöffeln

Die Grapefruit halbieren. Mit einem Kugelausstecher den Rand ringsherum auskerben. Das Fruchtfleisch mit einem scharfen Messer vom Rand lösen, sternförmig einschneiden. Frische Früchten oben drauf und mit Teller und Löffel servieren.

Zitruszwerge

Sie heißen Kumquats und sind die kleinen Verwandten der Orange. Ihr Geschmack ist säuerlich, aromatisch. Der Vorteil: Man braucht sie nicht schälen. Ihre Schale ist essbar. In Scheiben oder Hälften zerteilt sind sie nette Vitaminhäppchen.

Zitrusfrüchte filetieren

Mit ein bisschen Übung geht das Filetieren, auch Filieren genannt, schnell von der Hand. Fruchtfilets sind vielseitig zu verwenden. Für Desserts, Kuchen, Drinks, Obstsalat oder als Garnierung. Am besten eignen sich große, fleischige Orangen.

Je schärfer das Messer, desto besser klappt das Filetieren. Zunächst die Schale so dick abschälen, dass auch die weiße Haut ganz mit entfernt wird. Dann das Fruchtfleisch zwischen den Häutchen herausschneiden.

Ein Muttertagstraum – Erdbeerkuchen

Darauf freut sich Mama ganz besonders – ein fruchtig-cremiger Kuchentraum. Er sieht nicht nur super aus, sondern ist auch kinderleicht nachzumachen. Frische Erdbeeren werden um diese Jahreszeit bereits angeboten. Außerdem benötigt man einen eckigen Backrahmen, der Rest ist schnell eingekauft.

Das Rezept:

Für den Biskuit 3 Eier und 5–6 Esslöffel heißes Wasser mit dem Handrührgerät mit Rührbesen auf höchster Stufe in 1 Minute schaumig schlagen. Dann 150 g Zucker und 1 Päckchen Dr. Oetker Vanillin-Zucker in 1 Minute unterschlagen, dann weitere 2 Minuten schaumig

schlagen. 150 g Weizenmehl, 50 g Speisestärke und 1 gestrichenen Teelöffel Backin durchsieben. Nach und nach vorsichtig unter die schaumige Masse heben. Wichtig: Die Masse soll dabei ganz locker bleiben. Bei 200°C etwa 15 Minuten hellgelb backen. Vor dem Füllen den Kuchen auskühlen lassen. Für die Füllung geschlagene Sahne, Joghurt und pürierte Erdbeeren verrühren, Gelatine zufügen (6 Blatt Gelatine für 500 ml Flüssigkeit bzw. Füllung) und fest werden lassen.

Eckiger Biskuitboden

Backblech mit Backpapier belegen und den Backrahmen darauf stellen. Den Backrahmen nicht einfetten, damit der Teig gleichmäßig aufgeht. Die Biskuitmasse einfüllen und backen. Danach den Biskuit auf Backpapier stürzen. Das Backpapier sofort abziehen.

Eckige Füllung

Nach dem Auskühlen Backrahmen wieder anstellen. Crememasse einfüllen und gleichmäßig verteilen. Kuchen einige Stunden möglichst kühl stellen. Ist die Füllung fest, werden mit einem Löffel kleine Mulden für die Erdbeergarnierung vorbereitet.

Frisches Früchtemüsli

So vitaminreich garniert ist das Müsli noch mal so gesund. Und lecker natürlich. Die saftigen Früchte und kernigen Zutaten passen geschmacklich sehr gut zueinander. Der weiße Hüttenkäse rundet das Arrangement farblich perfekt ab.

Feine Erbeerfächer

Die kleinen, roten Vitaminbomben sind immer eine tolle Garnierung. Fächerartig dekoriert oder als ganze Frucht mit Blattgrün werten Erdbeeren jeden Frühstückstisch auf. Für den Fächer die Erdbeere in feine Scheiben schneiden.

Sektempfang –

ein prickelndes Ereignis

Anlässe für die schäumende Inszenierung gibt es immer: Am Geburts-, Namens-, oder Hochzeitstag gerät man schnell in Sektlaune. Die macht natürlich auch vorm Büro nicht halt. Dort bieten Jubiläen aller Art viele Gründe zum Feiern. Ob draußen oder drinnen, im Sitzen oder Stehen, mit vielen oder wenigen Gästen – hauptsache der Sekt ist schön kühl.

Pur oder gemixt genießen

Die ideale Trinktemperatur für Sekt liegt bei kühlen 8 Grad Celsius. Damit bleibt er auch im Glas noch längere Zeit angenehm kühl. Gut gekühlt und ausreichend vorrätig sollten alle gereichten Getränke sein.

Häppchenweise Spaß

Edel und doch unkonventionell: In der einen Hand das Sektglas, in der anderen eine kleine Köstlichkeit als Fingerfood.
Als das bezeichnet man heute alles, was gleich von der Hand in den Mund wandern kann: Canapés, Minibrötchen, kleine Frikadellen und gefüllte Pastetchen. Sogar kleine warme Kartoffelpuffer mit leckerer Auflage kann man auf diese Weise ohne Messer und Gabel im Stehen essen.
Geschmacklich harmoniert Sekt auch gut mit Süßem. Früchte in Schokolade sind ein besonders „süßes" Häppchen. Aber auch winzige Mürbeteigtörtchen mit Obst- oder Cremefüllung werden von den Gästen geliebt. Kleine Schalen mit Krabben- oder Hummercocktail oder Geflügelsalat mit Früchten in leichter Salatcreme ergänzen das Arrangement perfekt. Selbst wenn nur wenig Zeit für die Vorbereitungen zur Verfügung steht, lassen sich die Häppchen dekorativ in Szene setzen.

Gläserdekorationen – klirrende Schönheiten

Zuckerrand

Einfach, aber äußerst effektvoll: Die Gläser werden kopfüber mit dem Rand in Eiweiß getaucht. Danach die Glasränder in Zucker drehen. So bleiben die süßen Kristalle gut haften. Vorsicht beim Eingießen.

Fruchteiswürfel

Frisches Obst nach Belieben in die Fächer des Eiswürfelbereiters geben und mit Wasser bedeckt im Tiefkühlfach einfrieren. Besonders attraktiv im Glas wirken vom Eis eingeschlossene essbare Blüten.

Ananasscheiben

Aus frischer Ananas lassen sich viele Dekorationen kreieren. Für Ananasscheiben ohne Rand, die Frucht in Scheiben schneiden. Mit einem großen Ausstecher den Rand abtrennen und mit einem kleinen die harte Mitte entfernen.

Ananasrosetten

Die harte Schale der Ananas mit einem scharfen Messer rundherum abschneiden. Schaleneinschlüsse im Fruchtfleisch herausschneiden, dann mit dem Messer nochmals dünn das Fruchtfleisch rundherum abschneiden und aufrollen.

Ananasblüten

Eine schöne Deko-Variante für angerichtete Platten oder Salate mit Obst. Dazu die Rosette blütenförmig aufrollen und in die Mitte einer Ananasscheibe setzen.

Fruchtige Sterne

Die gelbe Karambole, oder Sternfrucht, ist ganzjährig erhältlich. Einfach die längliche Frucht in Scheiben schneiden; die Kerne vorsichtig entfernen. Die Sterne an einer Stelle bis zur Mitte einschneiden und auf den Glasrand setzen.

Fingerfood – fantastisch handlich

Ganz ohne Teller und Besteck genießen – das macht Fingerfood so beliebt. Und es macht den Gastgeber unabhängig vom Ort des Geschehens. Der kleine Genuss aus der Hand schmeckt überall und braucht keine aufwendige Möblierung. Die kleinen Häppchen lassen sich in unzähligen Variationen zubereiten.

Leicht nachzumachen sind:

- runde kleine Pumpernickelscheiben garniert mit etwas Mayonnaise und einem Stückchen Braten
- Gurkenscheiben mit einem Klecks würzigem Frischkäse
- in Knoblauchöl gebratene Baguettebrötchenscheiben mit Kräuter- oder Tomatenbelag
- Spießchen mit gebratener und in Würfel geschnittener Hühnerbrust
- Cracker mit aufgespritztem Avocadomus
- mit Shrimps und Mayonnaise gefüllte Minitomaten
- mit Schnittlauchhalmen verschnürte Päckchen aus Räucherlachsscheiben
- hart gekochte Wachteleier mit einem Stückchen Anchovis besteckt
- kleine mit Schinken- oder Käsemasse gefüllte, frittierte Teigtaschen

Schnell und einfach vorbereitet

Fantasie ist gefragt. Denn je kreativer die Zubereitung und Garnierung, desto größer die freudige Erwartung der Gäste. Sehr praktisch zum Füllen und Belegen sind fertige Teigwaren wie Pastetchen, Mürbeteigtörtchen und Minibrötchen. Selbst gebacken sind sie natürlich noch mal so gut. Schnell gemachte Dips bieten eine weitere Geschmacksvariante zum Genuss von herzhaften Häppchen. Selbst warme und knusprige Häppchen lassen sich kurz vor dem Servieren im Backofen oder der Fritteuse zubereiten. Die fertig dekorierten Häppchen werden auf einzelnen Platten angeordnet und direkt herumgereicht oder vom Tablett aus serviert. Die süßen Häppchen bilden den krönenden Abschluss: Nicht nur geschmacklich, sondern auch als Hinweis für die Gäste auf das nahende Ende des Empfangs.

Minibrötchen

Frisch aus Hefeteig gebacken sind sie besonders gut. Beide Hälften mit Mayonnaise bestreichen. Nacheinander mit Salatblatt, Tomatenscheibe, ausgestochener Käsescheibe und kleiner Frikadelle belegen.

Pikante Törtchen

Etwas geriebener Käse im Mürbeteig bringt den würzigen Kick. Alles Herzhafte passt hinein: Wurst-, Käse- oder Fleischsalat, aber auch Fischhappen.

Cocktails und Canapés – geadelte Genüsse

Sie sind die heimlichen Stars des Empfangs: Cocktails und Canapés. Die Zutaten sind edel, die Dekoration fürstlich. Bei den Canapés ist das Anfassen mit den Fingern trotzdem erlaubt. Die Cocktails werden ausnahmsweise mit Hilfe einer kleinen Gabel verspeist.

Cocktails wirken sehr schön in feinen Stielgläsern. Auf einem krausen Salatblatt werden gegarte Shrimps, Riesengarnelen, Lachs oder Geflügel arrangiert. Darauf kommt etwas pikante Sauce aus Mayonnaise oder Sauerrahm. Raffiniert wird die Sauce mit einem Schuss Portwein oder Sherry. Der Glasrand bietet Platz für attraktive Dekorationen – z. B. eine zur Acht gelegte, dünne Limettenscheibe.

Canapés sind die feinen Geschwister der kleineren Finger-Häppchen. Sie bieten etwas mehr Platz für anspruchsvolle Dekorationen und können sogar mit Aspik überzogen werden. Für Canapés werden aus Weiß- und Schwarzbrotscheiben runde, kleine Formen ausgestochen. Als Belag ist kaltes Fleisch ideal. Lecker ist beispielsweise mit Bacon umwickeltes, gebratenes Filet mit einer Backpflaume. Aber auch Scheiben von Kräuterfilet mit Leber-Mousse garniert oder winzige Schweinesteaks mit Maiskölbchen besteckt passen hervorragend.

Bunte Canapés
Zunächst die entrindeten, sauber ausgestochenen Brotscheiben mit Farce, Kräuterbutter oder Frischkäse bestreichen. Dann das edle Fleisch und die Dekoration darauf anrichten.

Glänzender Auftritt
Besonders glanzvoll werden Canapés durch einen Aspiküberzug aus Jus, Wein oder entfetteter Brühe. Aspik aus 500 ml (1/2 l) Flüssigkeit und 6–8 Blättern Gelatine zubereiten und auf die dekorierten Canapés streichen.

Zitrus-Acht
Eine Limette oder kernlose Zitrone in dünne Scheiben schneiden. Bis zur Mitte einschneiden und gegeneinander verdrehen.

Schokoladenfrüchte – unwiderstehlich gut

Frucht und Schokolade – ein unvergleichlich köstlicher Geschmack. Und edel sowieso. Besonders bittere Kuvertüre bietet ein geschmacklich interessantes Pendant zur Süße der Früchte. Praktisch lässt sich jede Frucht mit dem zarten Schmelz ganz oder teilweise umhüllen. Das Schöne daran: Schokofrüchte lassen sich gut vorbereiten. Damit die Schokolade gut haften bleibt, müssen die Früchte nach dem Waschen sehr gut abgetrocknet sein. Dann ins Schokobad tauchen und direkt nach dem Festwerden kalt stellen.

Glänzendes Schokoladenbad

Werden die Kuvertürestückchen bei nur sehr geringer Hitze im Wasserbad geschmolzen, wird der erkaltete Schokoladenüberzug besonders glänzend.

Schälchen aus Schokolade

Nicht nur zum Anrichten der Schokofrüchte: eine tolle, noch dazu essbare Servierschale. Dazu ein umgedrehtes Glasschälchen mit geknüllter Folie überdecken. Mit der nicht zu dünnflüssigen Kuvertüre bestreichen. Schokolade erstarren lassen und abnehmen.

← Schokofrüchte arrangieren

So könnte es mit einer Etagere aussehen: halb in Schokolade getauchte Kumquats mit geriebenen Mandeln oder Kokosflocken bestreut. Schoko-Erdbeeren mit belassenem Stielansatz. Außerdem dekorative Physalis; ihr aromatisch-säuerlicher Geschmack harmoniert gut mit Schokolade. Die auch als Kapstachelbeere bekannten Früchte tragen ein auffälliges „Papierkleid". Die blattartige Hülle vor dem Schokolieren zurückklappen.

Früchte schokolieren

Mit Hilfe einer Pralinengabel oder eines Holzstäbchens die Früchte in die flüssige Schokolade tauchen. Auf einem Gitter abtropfen lassen. Selbst zarte Schokoladenblätter lassen sich selbst herstellen. Mit einem Backpinsel die Schokolade auf eine Blattseite streichen, erkalten lassen und das Blatt abziehen.

Picknick –

Schlemmerpause im Grünen

Blauer Himmel, Sonnenschein – da hält es keinen mehr drinnen. Aufs Rad geschwungen und los geht's. Der Badesee wartet schon. Oder die lauschige Lichtung mitten im Wald. Ein geeignetes Plätzchen für die Picknickdecke findet sich immer. Besonders Kinder lieben die Aussicht auf das Päuschen mit allerlei Leckereien. Zeit spielt für ein Picknick keine Rolle. Der Picknickkorb wird eben zweckmäßig bestückt. Der Inhalt für eine Tagestour sieht ergiebig und vitaminreich aus. Für das romantische Abendessen bei Sonnenuntergang auf der Blumenwiese reichen auch Rotwein, Baguette und Käse. Ein improvisiertes Picknick macht ebenso viel Spaß wie ein geplantes. Alles, was die Vorräte und der Kühlschrank hergeben wird eingepackt. Dazu zählt Brot, Aufschnitt, Gemüse und Obst. Mit ein wenig Kreativität lassen sich jederzeit schmackhafte Sandwiches, belegte Brote oder ein kleiner Salat zubereiten. Praktisch und sicher verpackt sind die Vorräte in gut verschließbaren Kunststoffbehältern. Die sind nicht schwer, schützen vor unliebsamen Krabbelgästen und die Deckel kann man als Ablage oder Teller nutzen. Im Handel werden komplett ausgestattete Picknickkörbe angeboten. Da kann man gar nichts mehr vergessen.

Freiluftmenü – der Appetit kommt von allein

Das ist Picknick: Die Stille der Natur auf sich wirken lassen und gleichzeitig den Gaumen verwöhnen. Nach dem doppelten Genuss kann man süchtig werden. Und ein Picknick lässt sich wunderbar mit den persönlichen Vorlieben kombinieren. Grillen zum Beispiel. Es gibt eine Vielzahl von Grillplätzen in Wald und Flur, die man mieten kann. Viele Ausflugsziele sind mit dem Auto ideal zu erreichen. Da kommt es auf eine Kühltasche mehr oder weniger nicht an. Praktisch für alle Wanderfans: Das Essen wartet im Auto. Und komfortabel dazu. Denn neben den Vorräten bleibt Platz für Sitzkissen oder sogar Klappstühle.

Picknickkorb für Gourmets

Die Vorbereitungen lohnen das Geschmackserlebnis an der frischen Luft. Was sich gut transportieren lässt, ist auch geeignet. Nudelsalat mit buntem Gemüse wird direkt in den Behälter gefüllt. Belegte Baguettebrötchen, gefüllte Weinblätter und mit Fleischsalat gefüllte Kohlrabi werden nebeneinander angeordnet. Sogar die Erdbeertörtchen landen sicher auf der Picknickdecke. Blech- und Käsekuchen lassen sich ebenfalls gut transportieren. Unempfindlicher sind geschnittene Rohkost, hart gekochte Eier und loses Obst, wie die Süßkirschen. Vorsicht ist bei Mayonnaise geboten. Sie verdirbt leicht bei zu viel Wärme. Eine Hackfleischpastete oder ein Hackbraten ergänzt das Freiluftmenü.

Picknickkorb – gekauft oder selbst gemacht

Ein Picknickkorb oder Picknickkoffer ist immer etwas besonderes. Nostalgisch und liebevoll mit allem Drum und Drin. Das hübsche, bruchfeste Kunststoffgeschirr mit Tellern und Bechern ist darin übersichtlich und fest verpackt. Oft gehören eine Picknickdecke, zwei oder vier Sitzkissen und eine Thermoskanne zur Ausstattung. Eine Anschaffung lohnt, ist aber nicht ganz billig.

Eine schöne und zweckmäßige Alternative ist der selbst gemachte Picknickkorb. Dazu benötigt man einen Weidenkorb mit Deckel. Zunächst die Innenmaße des Korbes ausmessen. Dann aus 3 mm dicker Pappe die Innenverkleidung maßgerecht zuschneiden. Die einzelnen Pappflächen mit Stoff oder Folie beziehen. Dabei rundherum etwa 3 cm Stoffzugabe berücksichtigen. Den Stoff an der Rückwand der Pappe mit Bastelband fixieren. Auf der Innenseite des Korbdeckels sollen Besteck, Flaschenöffner und Salzstreuer etc. mit Gummibändern befestigt werden. Dazu passende Schlitze für die Einsteckschlaufen auf die Pappe zeichnen. Mit dem Cuttermesser einschneiden. Ein breites Gummiband durchziehen. Die Besteckteile einlegen, um die Länge des Gummibandes abzumessen. Das Gummiband fest anziehen und auf der Rückseite befestigen. Zur Verstärkung eine Gegenpappe aufkleben. Um die Pappe am Korbdeckel zu befestigen, werden mehrere 10 cm lange Drahtstücke zur Hälfte zusammen gebogen. Auf jedes Drahtstück einen Wäscheknopf ziehen. An den Ecken mit einer spitzen Schere je zwei kleine Löcher nebeneinander in die Pappe einstechen. Jeweils beide Drahtenden durch die Löcher von Pappe und Korbdeckel schieben. Der Knopf bleibt als Gegenhalt auf der Innenseite. Die Drahtenden auf dem Korbdeckel fest gegeneinander verdrehen. Nun das Drahtende vollständig im Geflecht verstecken. Zur besseren Stabilisierung können zusätzlich zwei Drahtschlingen in der Deckelmitte befestigt werden. Die restlichen Innenverkleidung aus bezogener Pappe genauso anbringen. Jetzt nur noch den Korb schmackhaft bestücken und schon kann das Picknick starten.

Transportfertiges Picknickmenü

Mit Baguettebrötchen unterwegs

Die Brötchen nur an einer langen Seite aufschneiden. So verrutscht nichts so schnell. Zum Belegen eignen sich Salatblätter, Gurke, Tomate, Käse, Wurst oder Schinken, Eierscheiben und eine pikante Salatcreme.

Zuerst das Salatblatt zwischen die Hälften legen. Darauf die Salatcreme geben. Nicht zu viel, sonst saftet das Brötchen zu schnell durch. Statt Käse, Wurst und Schinken schmecken auch gegarte Scheiben von Hühner- oder Putenfleisch hervorragend.

Jedes Baguettebrötchen einzeln fest in Pergamentpapier einwickeln. Möglichst in einem offenen Behälter transportieren. In Folie oder fest verschlossenen Behältern werden die Brötchen schnell weich.

Rohkost – leichtes Gepäck

Sehr erfrischend ist geschnittenes Gemüse für unterwegs. Das Gemüse waschen und gleich in mundgerechte Stückchen schneiden. Mitgenommen werden kann, was beliebt: Tomaten, Zucchini, Paprika, Gurken, Sellerie, Möhren oder Kohlrabi.

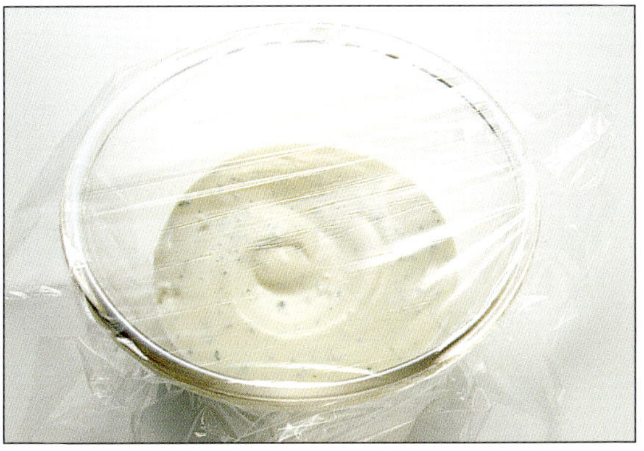

Pikante Dips – nette Begleiter

Mit Dips macht Rohkost noch mehr Spaß. Aus Sauerrahm oder Quark angerührt, sind sie leicht und nicht so schnell verderblich, wie Mayonnaise. Ideal für den Transport ist ein Behälter mit festem Deckel. Ein Schälchen, verschlossen mit reißfester Klarsichtfolie und Gummiband, geht auch.

Nudelsalat mit Gemüse

Er passt immer und überall. Beim Picknick schmeckt Nudelsalat besonders gut als Beilage zu Fleisch. An sehr warmen Tagen kann der Nudelsalat anstatt mit Mayonnaise mit einer Vinaigrette aus Essig, Öl und Gewürzen angemacht werden.

Picknick

Heimisches Gemüse in Hülle und Fülle. Die Vielfalt ist im Sommer groß. Anregungen für köstliche kalte Kleinigkeiten mit Gemüse gibt es ebenfalls in großer Zahl. Für ein Picknick genau das Richtige – frische, leichte Gemüsegerichte. Herrlich pikant schmecken mit Fleischsalat gefüllte Kohlrabi und gefüllte Weinblätter.

Ist Grillen angesagt, sollte das Grillfleisch eher säuerlich-würzig mariniert werden. Der Geschmack harmoniert gut mit dem Gemüse und das Fleisch ist besser vor dem Verderben geschützt. Das Grillfleisch nur in fest verschließbaren Behältern transportieren sowie aufbewahren. Natürlich dürfen die Grillsaucen nicht fehlen. Etwas ganz besonderes ist selbst gemachte Grillsauce. Dazu Tomatenpüree, Zitronensaft, Salz, Zucker, Cayennepfeffer, Basilikum und etwas Olivenöl verrühren. Der Sommer schmeckt einfach toll.

Weinblätter füllen und rollen

Bereits fix und fertig gibt es die marinierten Weinblätter beim Türken oder Griechen. Die klassische Variante ist eine Füllung aus gegartem Reis, frisch gehackten Kräutern, zerbröckeltem Schafskäse und Zitronensaft. Schmeckt fantastisch.

Das Aufrollen klappt so am besten: Weinblatt vom Stielende her möglichst fest aufrollen. Die Blattseiten rechts und links einschlagen und mit einrollen.

Gefüllte Kohlrabi

Von den frischen Kohlrabis den Deckel samt Stiel und kleinen Blättchen abschneiden. Deckel zu Dekorationszwecken zurückbehalten. Die Kohlrabi schälen. Mit einem Kugelausstecher das Gemüse aushöhlen.

Die Kohlrabi etwa 10 Minuten zugedeckt bissfest dünsten. Fertige Salate mit Mayonnaise, wie Fleischsalat, passen besonders gut als Füllung. Auch leichte Füllungen aus frischen Radieschenscheiben oder einem feinen Maissalat ergeben eine köstliche Kombination.

Lisa
Julia

Kinderfest – fantasievoll inszeniert

Kinder lieben Feste. An so einem Ausnahmetag darf man nämlich viel mehr als sonst: toben, spielen und futtern, bis man nicht mehr kann. Schminken und Verkleiden stehen ebenfalls weit oben auf der Beliebtheitsskala. Deshalb macht ein Kinderfest natürlich nicht nur zum Geburtstag Spaß. Zeitpunkt, Thema und Dekoration – alles eine Frage der Fantasie. Die Aufregung ist groß, die Vorfreude noch größer. Und Kinder wollen und sollen mitbestimmen. Wie viele und welche Kinder sollen eingeladen werden? Welche Spiele machen am meisten Spaß? Nichts ist schöner für Kinder, als bei den Vorbereitungen helfen zu dürfen. Vor allem beim Backen, Schnippeln, Ausstechen und Dekorieren. Beim Tisch kann es schon mal losgehen. Hauptsache nicht langweilig. Viel Farbe ist das richtige Gegenmittel.

Kunterbunt, süß und lecker

Eine echt süße Idee: Namensteller. Aus Puderzucker und Eischnee einen Zuckerguss anrühren. Von einem Einfrierbeutel eine kleine Ecke abschneiden, Zuckerguss einfüllen und Namen auf den Tellerrand schreiben. Weiß auf farbig, oder umgekehrt. Zuckerguss verziert auch viele andere Süßspeisen und Gebäck, wie die Muffins und Mini-Gugelhupfe. Immer beliebt sind bunte Streusel, Gebäckschmuck aus Zuckerguss und Süßigkeiten aus der Tüte. Aus ihnen entstehen Gesichter, allerlei Muster oder mal ein Käferbein aus Lakritz. Wackelpeter in jeder Variation darf natürlich auch nicht fehlen. Selbst die gesunden Sachen sind ratzeputz verschwunden, weil sie aufgespießt viel besser schmecken.

Anregungen und Ideen

Tolle Tisch-Dekos

Sieht klasse aus und schont Mamas Tischdecken: ein buntes Tischtuch aus Seidenpapier. Einfach den Tisch mit verschiedenfarbigem Seidenpapier kreuz und quer bedecken. Die Ränder unter dem Tisch mit Klebeband befestigen. Buntes Konfetti in allen möglichen Größen und Formen darauf verteilen. Konfetti lässt sich leicht selber machen. Da sind die Kids mit Feuereifer dabei. Mit Lochern und kleinen Ausstanzern bewaffnet, entstehen aus Papierresten unzählige kleine Schnipsel. Damit alles so schön bleibt, den ganzen Tisch mit Cellophanpapier abdecken. Aus Geschenkpapierbögen oder einer Rolle Kindertapete können ebenfalls wunderschöne Unterlagen für den Tisch entstehen. Statt Konfetti sehen kleine gefaltete Papierschiffchen oder Hexentreppen auf dem Tisch verteilt auch hübsch aus. Eine Hexentreppe geht so: Jeweils zwei lange, etwa 2 cm breiten Streifen aus Papier oder Tonkarton immer abwechselnd im rechten Winkel zueinander umfalten. Daraus entsteht eine treppenartige Kette. Zweifarbige sehen besonders schön aus. Mit Papierservietten lässt sich auch einiges anstellen. Gefaltet zu „Himmel und Hölle" und kleiner Überraschung darin versteckt hat man schon das erste Spiel fürs Kinderfest vorbereitet. Porzellangeschirr und Gläser bedeuten immer Bruch- und Verletzungsgefahr. Oft finden Kinder die Teller und Becher aus Pappe mit lustigen Motiven sowieso viel besser. Eine gute Alternative ist auch farbiges Kunststoffgeschirr. Es ist bruchfest und wiederverwendbar.

Alles, was Spaß macht

Kinder tauchen gern in Fantasiewelten ab. Stellt man das Kinderfest unter ein Motto, passiert das ganz von allein. Einen beschrifteten Luftballon als Einladung zu überreichen

ist witzig. Die Dekoration, die Spiele und der Ablauf des Festes richten sich natürlich danach, wo es stattfindet. Drinnen oder draußen, auf viel oder wenig Raum. Davon ist die Anzahl der Kinder und die Auswahl der Spiele abhängig. Ein Märchenfest lässt sich zum Beispiel sehr gut drinnen feiern. Ein Jahrmarkt dagegen braucht schon etwas mehr Platz. Aus Obstkisten können Buden und Stände aufgebaut werden. An jedem Stand kann ein anderes Wett- oder Gewinnspiel stattfinden. Dosenwerfen, Sackhüpfen oder Geschicklichkeitsspiele. Eine Radrally, Schatzsuche oder Schnitzeljagd kann bei jedem Wetter starten. Zwischendurch etwas auspowern, muss einfach sein. Am besten gemeinsam mit dem Kind überlegen, wozu es Lust hat und was es am liebsten mag.

Wackelpeter – beliebter Glibber

Micky-Maus-Ohren

Lange bleiben die Ohren nicht an ihrem Platz auf der Schüssel. Schnell verwandelt sich damit ein Kind in Micky-Maus. Die Ohren bestehen aus zwei Kreisen, der Bügel aus einem doppelt gefalteten Streifen Tonkarton.

Damit sich die Kreise zu Ohren wölben, zur Mitte hin einschneiden.
Die Schnittstellen übereinanderlegen und fest klammern. Dann die Ohren nebeneinander an der Schnittstelle auf den Streifen klammern.

Den Bügel umbiegen und mit transparentem Klebeband an der Schüssel befestigen.
Damit jedes Kind Micky-Maus spielen kann, entsprechend viele Bügel vorbereiten und an den Bügelenden Gummiband befestigen.

Feine Obstformen

Aprikosen schmecken gut zu Wackelpeter. Die Aprikosenhälften aus der Dose in Scheiben schneiden. Mit einem Ausstecher Formen ausstechen. In die heiße Masse geben und verteilen. Gelingt auch mit anderem Dosenobst.

Wackelige-Variationen

Verschiedene Sorten Wackelpeter übereinander geschichtet, mögen Kinder am liebsten. Für Überraschung sorgt die schräg gestellte Variante. Zusätzlich mit eingeschlossenem Obst oder Melissenblättchen dekoriert, ist Faszination garantiert.

Die erste Hälfte Wackelpeter einfüllen. Die Schüssel einfach schräg in den Kühlschrank stellen, bis die Flüssigkeit geliert ist. Zum Einfüllen der zweiten Hälfte die Schüssel wieder gerade hinstellen. Mehrere Farben schräg geschichtet sehen noch effektiver aus.

Gelee – transparente Kreationen

Spielerischer Vitaminschub

Fruchtsaft in Würfeln, Herzen, Blüten und Blättern. Das und noch viel mehr gelingt mit Gelee. Zur schnittfesten Masse werden Fruchtsäfte mithilfe von Aspikpulver oder Götterspeisenpulver. Auf 500 ml (1/2 l) Saft rechnet man 20–40 g Aspikpulver. Je nach Jahreszeit kann die Menge etwas schwanken. Bei heißem Wetter wird Gelee schnell weich. Bei der Verwendung von Götterspeisenpulver etwas weniger Flüssigkeit als angegeben verwenden. Sonst wird die Masse nicht schnittfest.
Mit Messer, Förmchen und Ausstecher einfach mal drauf los probieren.

Geleewürfel

Die zubereitete Flüssigkeit in eine flache, große Metallform gießen. Die Form oder das Blech kurz vorher in heißes Wasser tauchen. So lässt sich das Gelee später problemlos stürzen. Im Kühlschrank geliert die Masse am schnellsten.

Damit das Gelee schnittfest bleibt, am besten auf eine möglichst kühle Unterlage stürzen. Ein gekühltes Tortenblech ist ideal, auch zum Weiterverarbeiten. Mit dem Messer erst Streifen, dann gleichmäßige Würfel schneiden.

Geleefiguren

Aus den flachen, erstarrten Geleeplatten mit Ausstechern Figuren ausstechen. Die Ausstecher immer wieder in kaltes Wasser tauchen. So lassen sich die Figuren leicht herauslösen.

Die Geleeblumen sind etwas aufwendiger. Die Stängel und Blätter werden mit dem Messer aus freier Hand geschnitten. Auch hier das Messer zwischendurch in kaltes Wasser tauchen. Als Blüte Geleekonfekt anlegen.

Geleekonfekt

Mithilfe von kleinen Schokoladen- und Konfektförmchen gelingen hübsche, kleine Figuren. Die heiße Flüssigkeit in die Förmchen füllen, erkalten lassen und stürzen. Als Garnierung oder Tellerdekoration verwenden.

Kuchen – klein aber fein

Minikuchen

Kleine Naschmäuler, kleine Kuchen. Kinder stehen auf Miniaturausgaben. Besonders beim Backen bevorzugen sie ihre eigenen, kleineren Backformen. Die kleine Gugelhupfform hat einen Durchmesser von 18 cm. Daraus lassen sich anstatt einem großen Gugelhupf, drei kleine backen. Es kann also die normale Menge Teig nach Rezept angerührt werden. Das Backpulver aber noch nicht hinzugeben, da es sofort seine Wirkung entfaltet. Wenn der Teig also noch etwas warten muss, das Backpulver erst kurz vor dem Backen hinzufügen. Die Teigmenge dritteln, ebenso das benötigte Backpulver. Dann ein Drittel Teig mit einem Drittel Backpulver verrühren. In die gefettete Mini-Backform füllen und backen. Zwei weitere Minikuchen genauso backen. Zum Verzieren mit Puderzucker bestäuben oder einem Kuchenguss überziehen. Der Gebäckschmuck wird mit Zuckerguss angeklebt. Und was wäre ein Kindergeburtstag ohne Kerzen auspusten und sich was wünschen? Es dauert zum Glück noch ein bisschen, bis ein großer Gugelhupf her muss.

Muffins sind als Minikuchen unschlagbar. Von der Hand wandern sie direkt in den Mund. Es gibt eine Menge tolle Rezepte, süß und pikant. In einer Muffinform lassen sich im Handumdrehen 12 Muffins aus Rührteig herstellen. Oder eben 24, oder sogar 36. Für den großen Hunger oder gleich in drei verschiedenen Sorten. Die kleinen runden Minikuchen lassen sich mit viel Spaß verzieren. Gesichter sind dabei der Renner. Natürlich wegen der Extraportion Süßem oben drauf.

Gesichter aus Smarties & Co.

Die runden Minikuchen lassen sich auch mit Papierförmchen backen. Aus Biskuitteig oder Rührteig. So sitzt die Serviette förmlich gleich mit dran. Aus Smarties oder Lakritzkonfekt legt man die Augen. Eine rote Geleehimbeere macht sich als Nase ziemlich gut. Der Lachmund wird aus Puderzuckerguss aufgespritzt. Den Guss braucht man auch, um Augen und Nase anzukleben. Für den Guss 150 g Puderzucker mit etwa 2 Esslöffeln Saft oder Eiweiß verrühren. Nach Belieben mit Speisefarbe einfärben.

Hits for Kids

Schlemmer-Käfer

Pudding ist schon aus der Schüssel ein Hit. Welche Begeisterungsstürme wird erst dieser Pudding-Käfer auslösen? Ein Grund mehr, Pudding mal in eine andere Form zu bringen. Je nach Größe der Puddingform eine oder mehrere Päckchen Vanillepudding zubereiten. Die Form vor dem Einfüllen in kaltes Wasser tauchen. Pudding erkalten lassen, auf eine Platte stürzen. Mit Schokostreuseln verzieren. Sahnetuffs auf die Flügel spritzen. Die Beine aus Lakritzkonfekt und die Augen aus Geleehimbeeren legen. Super sieht auch ein roter Marienkäfer aus. Dazu rote Buttermilchspeise andicken und in die Puddingform füllen. Als Punkte setzt man Schokoplätzchen auf die Flügel.

Kinder-Cocktails

Darauf legen Kinder wert: Alles soll so aussehen wie bei den Erwachsenen. Wenn auch Kinderpunsch statt Bowle und Apfelschorle statt Bier. Farbige Getränkelöffel und witzige Strohhalme sorgen für die gewünschte Abwechslung. Fruchtcocktails sind schnell gemacht. Mit Früchten aus der Dose oder frischen. Beides schmeckt. Wichtig dabei: Das Kribbeln darf nicht fehlen. Klare Limonade über die Früchte gießen, ein Eiswürfel dabei und fertig ist der Drink. Mit kaltem Früchtetee lässt sich einfache Limo auch ohne Früchte immer aufpeppen. In höheren Gläsern sehen Fruchtspieße klasse aus. Noch dazu an so schönen Spießen mit Windrädchen. Auch am Glasrand dekoriert, wirkt Obst in Stücken und Scheiben gleich viel begehrenswerter.

Marzipan – süße Knete

Marzipanfiguren

Das macht Spaß! 2 Teile Rohmarzipan und 1 Teil Puderzucker gut mit den Händen verkneten. Dann zwischen zwei Klarsichtfolien dünn ausrollen. Mit Ausstechformen verschiedene Figuren ausstechen. Schön verzieren, z. B. mit feiner Schokoglasur.

Süße Mäuse

Eine ovale Kugel formen. An einem Ende eine Spitze herausziehen, Ohren formen. Etwas Marzipanmasse mit Kakao verkneten. Daraus den Schwanz, die Augen und die Nase bilden. Mit etwas Eiweiß ankleben. Die Käsescheibe aus einer eckigen Marzipanplatte machen.

Buntes Marzipan

Kinder experimentieren gern. Besonders mit Farbe. Die helle Marzipanmasse lässt sich mit Speisefarben sehr gut einfärben. Einige Tropfen genügen. Miteinander verkneten und Blumen, Buchstaben und Figuren gestalten.

Rosen mit Mandelduft

Teile der Marzipanmasse mit grüner und roter Speisefarbe einfärben. Für die Rosenblätter kleine, flache Platten herstellen. Diese blütenförmig umeinander legen. Am Blütenansatz etwas zusammendrücken. Die Blätter aus flachen, grünen Platten formen.

Total von der Rolle

Die lustigen Spiralplätzchen kommen auch als Lolli gut an. Drei gleichgroßen Marzipanplatten unterschiedlicher Farbe übereinanderlegen. Fest aufeinanderdrücken und aufrollen, Enden andrücken. Die Marzipanrolle in Scheiben schneiden.

Marzipanschlangen

Daraus entstehen kleine Kränze, geflochtene Zöpfe oder zischende Tischschlangen. Möglichst gleich dicke, lange Schlangen rollen. Für den Kranz die Schlangen umeinanderlegen. Zum Kreis legen, Enden zusammendrücken. Blättchen, Blüten oder Herzchen darauf setzen.

Kaffeetafel – die schönste Zeit des Tages

Belebender Kaffeeduft steigt in die Nase. Vertraute Stimmen erklingen. Der Blick wandert über ein bezauberndes Porzellanservice und verschwenderische Blumensträuße. Torten und süße, kleine Kuchen steigern die Vorfreude und den Appetit. Kaffee trinken ist in diesem Fall mehr als das. Mit allen Sinnen genießen, ist das Motto einer solch opulenten Inszenierung. Dabei steht nicht Perfektion im Vordergrund, sondern der eigene Stil. Selbst Gemachtes wirkt immer liebevoll. Erlaubt ist, was gefällt. Hauptsache, es sieht einladend aus.

Ein Sommertraum

Besonders romantisch: Die Kaffeetafel im Grünen. Und nicht alltäglich. Im kühlenden Schatten umgeben von duftenden Sommerblumen wünscht man sich, dass die Zeit still steht. Schön kolonialistisch wirken die lange weißen Damasttischtücher, die Korbstühle dazu und die üppigen Rosenarrangements. Frische, leichte Sommertorten mit viel Obst sind jetzt genau das Richtige. Reichlich Auswahl an Obst und Beeren bietet der Sommer genug. Sieht gut aus und schmeckt noch besser. Einen Boden aus Mürbe- oder Biskuitteig backen und mit reichlich Obst belegen. Wer es festlich liebt, bringt als Höhepunkt einen weißen Traum aus Sahne, Baiser und Marzipanblüten auf den Tisch.

Festliche Sommertorte

Festlich und doch zwanglos. Das ist die ideale Mischung für eine Kaffeetafel aus besonderem Anlass. Zwanglos ist dabei die Dekoration der Servietten, Blüten und Blumengirlanden. Geadelt wird die Tischdekoration durch die weiße Festtagstorte. Was nach außen sehr süß wirkt, wird durch fruchtige Füllungen ausgeglichen. Im Inneren der Rosentorte sorgt eine Füllung aus Stachel- oder Johannisbeeren für die gewünschte säuerliche Abwechslung. Dazu die Beeren kurz andünsten, mit Gelatine andicken und zwischen zwei Tortenböden streichen. Gut auskühlen lassen. Dann mit Schlagsahne einhüllen und glatt streichen. Baiser zerbröseln, an den Tortenrand geben. Sahnetuffs auf die Torte spritzen. Dazwischen einzelne Rosen und Blättchen setzen. Die Torte gut gekühlt servieren. Ehe die Sommerwärme ihr etwas anhaben kann, haben die Gäste für ihr Verschwinden gesorgt.

Petit fours

Die kleinen Kuchen haben die passende Portionsgröße. Einen leichten Biskuitboden auf dem Backblech backen. In gleichmäßige Rechtecke schneiden. Nach Belieben füllen. Mit Guss glasieren. Zuletzt mit kandierten Früchten und Kuvertüre verzieren.

Obsttorte „Sommergarten"

Wie ein Obstgarten sieht der Belag aus. Bunte Beeren, Pfirsiche und Melonenkugeln füllen den Tortenboden. Es darf ruhig etwas mehr sein. Entsprechend viel Tortenguss zubereiten und Früchte damit überziehen. Rand mit gerösteten Mandeln verzieren.

Blumenkranz mit Margeriten

Feld- und Wiesenblumen bringen die Natur direkt auf den Tisch. Sie lassen sich zu herrlich bunten Sträußen, Blumengirlanden und Kränzen arrangieren. Margeriten mit Buchsbaum zum Kranz gebunden sind reizend.

Zunächst Blumendraht zu einem Ring zusammen drehen. Die kleinen Buchsbaumzweige nacheinander an den Drahtring legen. Jeweils mit Draht umwickeln und so befestigen. Die Margeriten an der Stelle mit einwickeln, wo der Kranz sich schließt.

Rosen blühen überall

Die schönste aller Blumen verleiht dem Tisch natürliche Eleganz. Es gibt so viele Sorten, dass man sich kaum entscheiden kann. Farblich lassen sich die Rosen in jedem Fall gezielt aussuchen. Am schönsten: Rosen aus dem eigenen Garten.

Zuckerguss – Verzierungen aus der Tüte

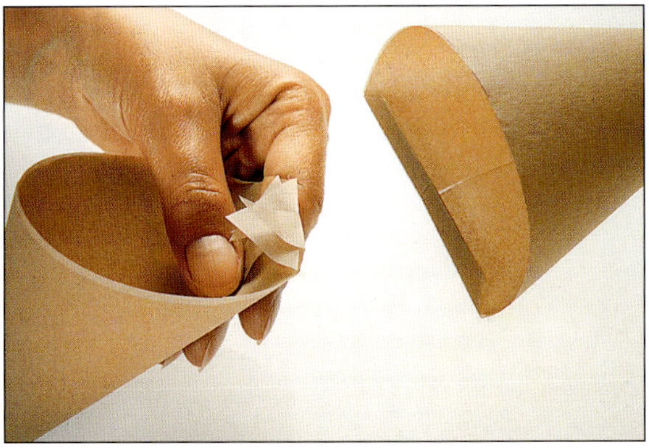

Selber machen – Spritztüte für Zuckerguss

Mit einem Spritztütchen aus Pergamentpapier gelingen perfekt Schriftzüge und Verzierungen. Die normalen Spritzbeutel sind etwas groß, daher etwas zu unhandlich. Die kleine Verzierungshilfe aus Papier ist schnell gemacht.

Ein Quadrat von etwa 24 x 24 cm aus festem Pergament ausschneiden. Diagonal auf Kante falten. Rechte Papierspitze (45 Grad) soweit nach innen rollen, bis die Spitze genau auf die rechtwinklige Ecke zeigt. Dort festhalten. Linke Spitze außen herum einrollen.

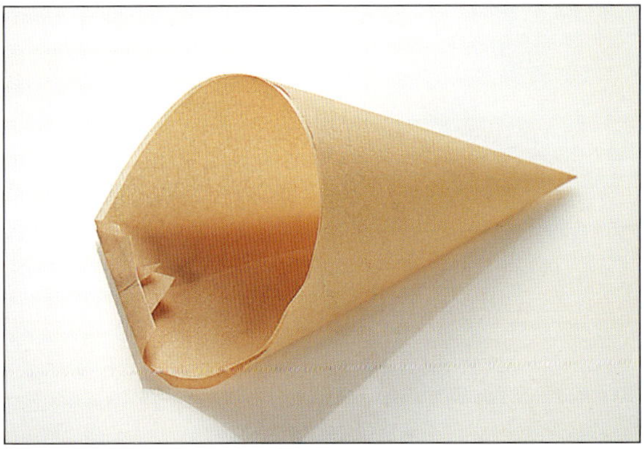

Alle übereinander liegenden Papierecken dreimal nach innen umfalten. So fixiert behält die Tüte ihre Form. Durch keine Ritze kann der Guss entweichen. Jetzt noch die Spitze abgeschnitten und los geht's.

Pro Farbe ein Tütchen

Mehrfarbige Verzierungen sind kein Problem. Einfach eine größere Menge Zuckerguss anrühren. Auf mehrere Schüsseln verteilen. In jeder

Schüssel eine andere Farbe mit Speisefarbe anrühren. Für jede Farbe ein eigenes Tütchen verwenden.

Verzieren wie die Profis

So wird's schön gleichmäßig: Die Tüte in beide Hände nehmen. Ellenbogen fest gegen den Körper legen. Die Arme beim Verzieren am Körper lassen. Nur der Oberkörper schwingt mit. Mit ein bisschen Übung hat man den Schwung schnell raus.

Marzipanhülle für Torten

Marzipan vorbereiten

Eingehüllt in Marzipan wird aus jeder Nuss- oder Biskuittorte eine festliche Variante. Geschmeidig und glatt muss die Marzipanmasse dafür sein. Das Marzipan zwischen Klarsichtfolie ausrollen. Für ein Muster, mit einer Teigkarte Linien ziehen.

Tortendecke

Für die Tortendecke eine Platte in Größe der Torte auf das Marzipan legen. Rundherum ausschneiden. Die Reste zusammenkneten und bis zur Weiterverarbeitung in Folie packen. Denn an der Luft wird Marzipan schnell brüchig.

Platte aufrollen

So gelangt die Marzipanplatte unbeschadet auf die Torte: Aus Pergamentpapier einen Kreis in Größe der Torte ausschneiden. Das Papier auf die Tortendecke legen. Beides zusammen locker einrollen.

Platte abrollen

Die Rolle auf den obersten Tortenboden legen. Vorsichtig abrollen. Darauf achten, dass die Marzipanplatte an den Rändern genau abschließt. Das Pergamentpapier wieder abnehmen.

Ränder

Auch hier muss alles passen. Mit einem Lineal die Höhe der Torte ausmessen. Das restliche Marzipan flach ausrollen. Die Maße darauf markieren und in lange Streifen schneiden. Marzipanstreifen locker aufrollen.

Hülle fertigstellen

Die Marzipanstreifen seitlich an den Tortenrand ansetzen. Vorsichtig abrollen und leicht andrücken. Ränder und Verbindungsstellen mit Eiweiß zusammenkleben. Die Torte mit Marzipanrosen, Zuckerperlen und Sahne verzieren.

Tortenverzierungen mit Schablonen

Eine Kaffeetafel mit Stil ist keine Kunst. Mit wenig Aufwand lässt sich jeder Kuchen hübsch verwandeln. Ganz nach persönlichem Geschmack und vorhandenen Möglichkeiten. Effektvolle Muster entstehen z. B. aus Kakaopulver, Puderzucker und Kokosraspeln. Auch aus fein geriebenen Nüssen, Mandeln oder Pistazien. Was kompliziert aussieht, ist in Wirklichkeit sehr einfach. Kuchenschablonen sind das kleine Geheimnis hinter den schmucken Verzierungen. Entweder gekauft oder selbst gemacht.

Kuchenschablone selbst gemacht

Dazu aus Pergamentpapier einen Kreis in passender Größe ausschneiden. Den Kreis mehrfach über die Mitte hin falten. Für das Muster das längliche Papierdreieck an den Seiten belie-

big einschneiden. Den Kreis entfalten und glatt bügeln. Auf den vorbereiteten Kuchen legen. Schöne Motive sind geometrische Formen, Herzen oder Glückskleeblätter. Sehr persönlich wirken Namenszüge und Jahreszahlen an Geburtstagen und zu Jubiläen. Bei filigranen und kleinen Motiven sind Papierhalterungen nützliche Hilfen. Damit lassen sich die Schablonen sauber abheben.

Das Experimentieren lohnt sich. Mehrere Schichten sehen interessant aus, z. B. erst eine weiße Puderzuckerdecke aufbringen. Darüber die Schablonen legen und mit Kakao bestäuben. Zur Betonung kann mit farbigem Zuckerguss in zarten Linien das Muster nachgezogen werden.

Fein bestäuben

Je pudriger und feiner die Schicht, desto exakter das Muster. Deshalb ein möglichst feines Sieb zum Bestäuben verwenden. Die Tortenoberfläche sollte nicht zu feucht sein. Sonst nässt die Musterschicht schnell durch.

Deshalb sollte die Torte erst kurz vor dem Servieren bestäubt werden. Besonders Puderzucker zieht schnell Feuchtigkeit an. Kakao und Puderzucker in einzelnen Schichten aufgestäubt ergeben tolle Kontraste.

Papierhalterungen

Kleinere Motive aus festem Papier zuschneiden. Kleine Papierstreifen an einer Seite umknicken und auf die Schablone kleben. Mithilfe dieser kleinen Halterungen lassen sich die Motive exakt platzieren und wieder abheben.

Selbst gemachte Schablonen lassen sich maßgenau zuschneiden. Mit den Halterungen lassen sie sich problemlos dicht aneinanderlegen. Zu einem rechteckigen Kuchen passen geometrische Formen. Hier ein Muster mit Kakao und Kokosraspeln.

Tortenzauber – verzieren und dekorieren

Muster mit dem Spritzbeutel

Torten, Cremes und Sahne gehören einfach zusammen. Mit den weichen Massen entstehen wahrhafte Kunstwerke. Ein Spritzbeutel ist dafür unverzichtbar. Und viele unterschiedliche Tüllen. Welches Spritzmuster mit welcher Tülle besonders gut gelingt, zeigt die Gegenüberstellung. Mit ruhiger Hand und etwas Feingefühl bringt jeder diese Spritzmuster zustande. Wichtig für alle gespritzten Massen: Standfestigkeit. Schlagsahne wird mit Sahnesteif geschlagen. Creme muss eine entsprechend feste Konsistenz haben. Praktisch ist Sahne-Deko auf Vorrat: Sahne in kleinen Tuffs auf ein mit Backpapier belegtes Brett spritzen und einfrieren. Sind die Tuffs gefroren, vorsichtig verpacken.

Tortenböden – trennen

Den Boden rundherum einritzen. Einen Zwirnfaden in die Markierung legen und über kreuz fest zusammenziehen. Für einen drei geteilten Boden dass ganze wiederholen. Pergamentpapier zwischen die Böden ziehen und oberen Boden abheben.

- füllen

Die Creme- oder Sahnefüllung zunächst in der Mitte des unteren Boden häufen. Mit einem breiten langen Messer gleichmäßig verteilen. Den nächsten Boden umgekehrt darauf legen.

- einhüllen

Zunächst die Füllung auf der Tortendecke verstreichen. An den Rändern die Masse von und nach oben ziehen. Taucht man das Messer zwischendurch in Wasser, wird die Oberfläche schön glatt.

Schokospäne

Mit einem Schälmesser von der Blockschokolade Späne abhobeln. Wichtig dabei: Messer und Schokolade müssen schön kühl sein. Daher beides vorher in den Kühlschrank legen.

Spritzbeutelhandling

Die obere Kante breit nach außen umschlagen. Masse in den unteren Teil füllen. Beutel schließen, etwas eindrehen. Zum Spritzen in beide Hände nehmen, leicht drücken. Probemuster spritzen, bis die Masse sich gleichmäßig in der Tülle verteilt hat.

Hochzeit –

das Glück verschönern

Verliebt, verlobt, verheiratet! Für alle, die ihre Liebe mit einem Versprechen besiegeln, ist der Tag der Hochzeit etwas ganz besonderes. Ein Fest mit hohen Ansprüchen. Unvergesslich soll es für alle sein. Darum überlässt man bei den Vorbereitungen nichts dem Zufall. Alles wird perfekt aufeinander abgestimmt.

Die Dekoration von Tisch, Stühlen und Speisen spielt dabei eine tragende Rolle. Weiß ist und bleibt für viele die bestimmende Farbe am Hochzeitstag. Romantik und verschwenderische Schönheit sind ebenfalls wichtige Stilelemente der dekorativen Ausstattung. Duftiger Tüll oder glitzende Vorhang-Gaze bedecken wie ein überdimensionaler Schleier die Tafel. Großzügig und leicht gebauscht über dem weißen Tischtuch drapiert, hängt er an den Seiten bis zum Boden herunter. Der Blumenschmuck besteht aus einer ganzen Anzahl Arrangements. Je nach Zweck und Standort verschieden, aber in jedem Fall farblich sowie stilistisch abgestimmt. Ein oder mehrere Blumenbouquets krönen die Tischmitte. Einzelne Blüten und Ranken verteilen sich über die Tafel oder zieren Geschirr und Servietten. Kerzenlicht sorgt für stimmungsvolle, romantische Beleuchtung. Silberne, mehrarmige Kerzenleuchter passen perfekt. Festlich wirken breite Satinbänder in zarten Farben. Zu Schleifen gebunden sehen sie überall auf und am Tisch elegant aus. Als Randabschluss wird das Band um die gesamte Tischkante gelegt und dort festgesteckt. Beim Eindecken des Tisches die Gedecke nicht zu dicht nebeneinander platzieren. Dann kommt auch der festliche Schmuck passend zur Geltung.

Hochzeitssuppe – hübsche Einlagen

Kleine Eindeck-Hilfe

Etwas Konvention darf an so einem Tag sein. Mithilfe der Tischordnung bleibt die Tafel relativ übersichtlich und hilft bei der Wahl des richtigen Bestecks. Entsprechend der Reihenfolge des Menüs werden die Bestecke so eingedeckt, dass sie von außen nach innen benutzt werden können. Beginnend mit dem Besteck für die Vorspeise. Suppen- und Dessertlöffel bilden die Ausnahme. Sie liegen quer zum oberen Tellerrand. Die Weingläser stehen rechts oben neben dem Teller. Die kleineren Gläser für Aperitif und Weißwein, das Größere für Rotwein. Außerdem ein Wasserglas.

Fein auslöffeln

Die Hochzeitssuppe eröffnet die festliche Menüfolge. Bei diesem Klassiker liegt das Augenmerk auf der Einlage. Sie besteht aus verschiedenem Gemüse und Eierstich. Jedes Gemüse für sich kurz andünsten. Erst kurz vor dem Servieren in der Suppe mit erhitzen.

Zucchinibällchen & Paprikawürfel

Je feiner die Einlage, desto edler wirkt die klare Suppe. Mit einem feinen Kugelausstecher werden kleine Zucchinibällchen herausgelöst.

Die Paprikahälften erst in feine Scheiben, dann in kleine Würfel schneiden.

Zuckerschoten

Vor dem Garen die Schotenspitzen abschneiden. Die Fäden an beiden Seiten entfernen. Die Schoten in akkurate Rauten schneiden.

Möhrenstreifen

Die feinen, orangen Streifen werden auch Juliennes genannt. Sie sehen nicht nur gut in der Suppe aus, sie würzen auch gleichzeitig. Die Möhren der Länge nach in dünne Scheiben schneiden. Dann in feinste Streifchen.

Eierstich

Für diese klassische Einlage 2 Eier, 125 ml (1/8 l) Milch, Salz und etwas Muskat verrühren. Eine kleine Form oder Schüssel einfetten. Die Eiermilch hineingeben und etwa 20 Minuten im Wasserbad garen. Den festen Eierstich beliebig zurechtschneiden.

Desserts – süß, wie die Liebe

Jeder freut sich drauf! Das Dessert ist krönender Abschluss des Hochzeitsmenüs. Mit seiner Süße rundet es geschmacklich die bereits servierten, meist pikanten Köstlichkeiten ab. Bevorzugt wird dabei eine raffinierte Mischung aus Früchten, Cremes, Sorbets und Eis. Auch hier: lieber Klasse statt Masse. Auf großen, mit Puderzucker beschneiten Tellern, lassen sich die Kombinationen attraktiv anrichten. Fruchtsaucen und Pürees kann man in verschiedenen Farben aus reifen Früchten herstellen. Die leichte Säure der Früchte schmeckt wunderbar zu allem Süßen. Als Saucenspiegel auf dem Teller lassen sich daraus fantasievolle Muster

zeichnen. Ineinander laufende Farben, feine Linien oder Fruchtkleckse. Darauf werden die Süßspeisen angerichtet. Zum Beispiel kleine Portionen in Kugeln oder Häufchen aus weißem und braunem Mousse au Chocolat. Dunkel auf hell oder umgekehrt. Die Portionen aus Eis, Creme oder Mousse lassen sich mit kleinen Förmchen, wie einer Timbalform, zusätzlich vervollkommnen. Als I-Tüpfelchen garnieren zarte Schokoladenblätter, Fruchtfächer, überzuckerte Blüten oder frische Minze das Dessert.

Joghurtterrine

Leicht und locker ist das ideale Rezept für ein Dessert. Die Joghurtterrine ist genau das Richtige nach einem mehrgängigen Menü. Sie wird roh zubereitet. Gut durchgekühlt ist die Joghurtcreme schnittfest. In feine Scheiben geschnitten, wird die Füllung sichtbar. Aromatische Erdbeeren und Löffelbiskuits. Dazu passt eine Fruchtsauce aus pürierten Erdbeeren, verfeinert mit Orangenlikör. Genuss ohne Reue ist garantiert.

Marzipanhülle

Die Marzipanmasse mit Speisefarbe grün einfärben. Zur dünnen Platte ausrollen. An den Ecken einschneiden. Möglichst glatt in die Form legen, die Stoßkanten in den Ecken fest verschließen.

Joghurtcreme

Auf 500 ml (1/2 l) Joghurt kommen 6 Blatt Gelatine. Joghurt nur leicht süßen. Die Gelatine auflösen und unterrühren. Die Creme etwa 3 cm hoch in die Form füllen und gelieren lassen.

Füllung

Erdbeerhälften oder andere Früchte sowie Löffelbiskuits auf der Creme anordnen. Die restliche Joghurtcreme einfüllen und glatt verstreichen. Wenn die Masse fest ist, die Form vorsichtig stürzen. Joghurtterrine in Scheiben schneiden.

Rosetten und Girlanden

Das Ambiente muss passen. Darum wird der ganze Raum samt Bestuhlung in die Dekoration für die Hochzeit mit eingeschlossen. Stuhllehnen sehen mit Blumengirlanden geschmückt wunderschön aus. Da sich eine Girlande nur schlecht wässern lässt, ist die Blumenpracht schnell vergänglich. Um ihre Schönheit einige Stunden zu erhalten, sollte man Blüten, Blätter und Zweige wählen, die nicht so schnell welken. Buchsbaum und hartlaubiges Grün bilden eine solide, dichte Basis für die Girlande. Eingebundene Rosenknospen bleiben ziemlich lange frisch. Selbst in getrockneter Form behalten Rosen ihre Schönheit. Zusätzlich lassen sich farbige Bänder oder Schleifen mit in die Girlande binden. Sie sorgen zusätzlich für Farbe und Eleganz.

Dessertkelche dekorieren

Diese Gläser stehen im Mittelpunkt. Ob für ein Champagner-Cocktail zur Begrüßung, ein Shrimps-Cocktail zum Empfang oder ein fruchtiges Eissorbet zum Dessert. Dessertkelche kann man ganz einfach hübsch herausputzen.

Für die Spitzenrosette ein kleines Tortendeckchen aus Papier bis zur Mitte hin einschneiden. Den Kelchfuß einschieben, fertig. Für die Variante mit Schleife, die Spitzenrosette hochschieben. Möglichst unsichtbar befestigen.

Eine Schleife aus farbigem Kunststoffband um den Glasstiel binden. Als Vorbereitung für ein Dessert kann bereits die Sahnegarnierung ins Glas gespritzt werden. Darauf kommt dann das Eis oder das Sorbet.

Girlande binden

Die benötigten Längen am Stuhl etc. ausmessen. Eine dünne, raue Kordel, z. B. aus Sisal, in entsprechender Länge abschneiden. Das Blattgrün sortieren und zu kleinen Sträußchen zusammenfassen.

Mit Blumendraht die Blattgrünsträuße und Blüten dicht an dicht auf der Kordel befestigen. Dazu den Draht um die einzelnen Zweige und die Kordel wickeln. Die fertige Girlande lässt sich mit Draht an Stahlrohrstühlen, mit Sicherheitsnadeln an gepolsterten Stühlen befestigen.

Naschwerk zum Verlieben

Die süßen Verführer dürfen nicht fehlen. Zum Espresso zur vorgerückten Stunde des Festes oder bereits zum Nachmittagskaffee. Selbst gemachtes Konfekt wird natürlich besonders geschätzt. Eine unkomplizierte Variante sind schokolierte Marzipankugeln. Rohmarzipan nach Belieben mit sehr klein geschnittenen, getrockneten Früchten, wie Aprikosen, Mangos und Ananas verfeinern. Auch mit Nüssen lässt sich Marzipan gut aromatisieren. Ein paar Tropfen Likör oder Obstgeist runden die Kreation ab. Speisefarbe, Kakaopulver oder löslicher Kaffee sorgen für zusätzliche optische und geschmackliche Effekte.

Marzipankonfekt

Kleine, gleichmäßige Kugeln aus der vorbereiteten Marzipanmasse formen. Kuvertüre bei schwacher Hitze im Wasserbad schmelzen. Mit einer Gabel die Marzipankugeln in die Kuvertüre tauchen. Auf einem Kuchengitter abkühlen lassen.

Ist die Schokoladenhülle erstarrt, das Konfekt verzieren. Entweder mit geschmolzener, heller Kuvertüre oder mit Zuckerguss. Für Verzierungen auf kleiner Fläche eignen sich die selbst gemachten Spritztüten aus Pergament (Anleitung Seite 72).

Orangendessert

Nicht ganz so süß und nicht minder attraktiv ist das Orangendessert. Die köstliche Nascherei wird direkt aus der Orangenschale gelöffelt. Zunächst die Orangen aushöhlen. Dazu eignet sich ein Grapefruitmesser ideal. Das Fruchtfleisch damit rundherum herauslösen.

Mithilfe eines Kugelausstechers den Schalenrand in Bogenform auskerben. Eine Creme zubereiten. Das Fruchtfleisch klein schneiden und in die Creme geben. Mit dem Spritzbeutel die Masse in die Orangen füllen.

Zum Schluss die Orangen verzieren. Mit dem Zestenreißer feine Streifen Orangenschale von einer unbehandelten Frucht abschälen. Die Zesten zusammen mit geviertelten, dünnen Orangenscheiben und kleinen Blättchen garnieren.

Italienischer Abend – die pure Lebensfreude

Die südländische Küche Italiens – kaum jemand, der sie nicht kennt und schätzt. Sie ist der Inbegriff der mediterranen Lebensart. Italienisch genießen ist Ausdruck von Lebenslust; vereinigt Leidenschaft und Gelassenheit zugleich. Pizza und Pasta sind zwar die beliebtesten Exporte Italiens, doch die kulinarische Vielfalt des Landes am Mittelmeer sucht ihresgleichen. Ein Grund mehr, den Süden in den heimischen Garten zu holen. Laue Sommerabende gibt es viele. Und es geht nichts über selbst gemachte italienische Spezialitäten. Alleine deren Duft wird die Sehnsucht nach dem Mittelmeer wecken. Ergänzt dann auch noch eine landestypische Dekoration den Abend, kommen echte Urlaubsgefühle auf.

„Tischlein-deck-dich" auf Italienisch

Was bietet sich für eine originale Tischdekoration besser an, als die Nationalfarben der Tifosi: Grün, weiß und rot? Einfach aber effektvoll lässt sich so eine Menge Kreatives auf Tisch und Teller zaubern. Angefangen bei der Farbenwahl und Anordnung der Kerzen. Breite Schärpen aus Taft dienen als Tischdecken. Zusätzlich sorgen locker drapierte, einfarbige Seidentücher für verspielte Leichtigkeit auf dem Tisch. Mit flatternden Bändern und dreifarbig geflochtenen Zöpfen aus Krepppapier oder Stoff lassen sich rund um den Tisch italienische Akzente setzen.

Farbenspiele und Füllungen

Italien – wohin man auch sieht. Selbst die Zutaten spielen bei der Farbinszenierung in grün, weiß und rot mit. Für ein kräftiges Rot sorgen sonnengereifte Tomaten. Symbolträchtig in grün kommen die Kräuter der italienischen Küche daher. Kleine Beete aus Basilikum und Oregano auf dem Tisch verströmen ein intensives Aroma. Bindet man die Kräuter zu Kränzen oder Ranken wirkt die Dekoration besonders professionell. Weißes Geschirr komplettiert das Farbenspiel. Um und auf den Platten und Tellern sorgen Wein- und Efeuranken zusätzlich für frisches Grün. Ganz stilecht wird die Dekoration mit Figuren und Leuchtern aus ockerfarbener Keramik.

Mit ein paar guten Rezepten und Fantasie lassen sich viele Sorten Obst und Gemüse in echte Italiener verwandeln. Leckere Füllungen spielen dabei nicht nur geschmacklich eine wichtige Rolle, sondern auch optisch. Ob Paprika, Staudensellerie, Tomate oder Gurke – Füllungen kommen überall gut zur Geltung.

Italienischer Topfschmuck

Einen roten, weißen und grünen Streifen Seidenpapier mit Blumendraht zusammenbinden. Zum Zopf flechten und um den Kräuter- oder Blumentopf legen.

Gefüllter Staudensellerie

Einzelne Selleriestangen von der Staude lösen und abspülen. Frischkäsecreme in einen Spritzbeutel mit Sterntülle füllen und in Wellen auf die Stangen spritzen.

Spritzbeutel-Zauber

Gelbe Paprikaviertel: Frischkäsecreme mit Ajvar verrühren, einfüllen und glatt streichen. Mit Scheiben von schwarzen Oliven und roten Paprikawürfeln dekorieren. Minigurken: Frischkäsecreme in ausgehöhlte Minigurken mit Spritzbeutel mit Sterntülle spritzen. Mit Dill und Radieschenspalten verzieren. Rote Spitzpaprika: Kräuterfrischkäsecreme in die halbierte, entkernte Schote mit Spritzbeutel mit Lochtülle spritzen. Tomaten: Frischkäsecreme mit grünem, eingelegten Pfeffer verrühren. In die ausgehöhlten Tomaten streichen. Deckel wieder aufsetzen.

Tomaten – sonnenverwöhnte Schönheiten

Rote Verwandlungskünstler

Tomatenkörbchen:
mit Bügeln aus Schnittlauch, gefüllt mit Fleischsalat.

Tomatenspieße:
hier eine Variante mit Minimozzarellakugeln und Gurkenscheiben.

Tomatenbrote (Bruschetta):
Tomatenwürfel von gehäuteten Tomaten mit Salz und Pfeffer gewürzt auf gerösteten Weißbrotscheiben. Dekoriert mit Rucola und Bio-Zitronenschale.

Geschälte Tomate:
Tomate nur oben geschält, mit Parmesan und grobem Pfeffer garniert.

Hingucker – Tomatenkörbchen

Tomate mit einem scharfen Messer zick-zack-förmig quer zur Mitte einschneiden. Um die Hälften zu lösen, vorsichtig gegeneinander drehen und abheben. Kerne herauslösen und Füllung hineingeben. Einen Schnittlauchhalm flach drücken und die Enden einstecken.

Schick – Tomaten-Käse-Fächer

Tomate halbieren und fächerartig einschneiden. Dabei sollten die Scheiben an einer Seite zusammen halten. Gleichmäßig große Käsestreifen zwischen die einzelnen Tomatenscheiben stecken.

Klein, aber fein – Tomatenwürfel

Zunächst die Tomaten häuten. Dazu die Haut nicht zu tief kreuzweise einritzen. Wasser zum Kochen bringen, Tomaten hineingeben. Das Wasser nicht mehr kochen lassen. Die Tomaten wenige Minuten darin belassen, dann herausnehmen und die Haut abziehen.

Die gehäuteten Tomaten halbieren. Mit einem kleinen Löffel die Kerne und das geleeartige Fruchtfleisch herauslösen. Die Innenwände belassen.

Die ausgehöhlten Tomatenhälften erst in Streifen, dann in feine Würfel schneiden. Mit den Würfeln kann man wunderbar Salate, verschiedene Speisen und sogar Tellerränder dekorieren. Und natürlich unverzichtbar für Bruschetta – die leckeren Tomatenbrote.

Der Duft des Südens – Kräuter

Die Küche Italiens ohne Salbei, Oregano und Basilikum? Nicht vorstellbar. Kräuter spielen darin eine wesentliche Rolle. Sie sind fester Bestandteil einer traditionsreichen Küchenkultur. Selbst als Zierwerk sind sie duftende Botschafter des Südens. Ihre dekorative Verwendung ist vielseitig. Als kleine Kräuterbouquets, einzelne Zweige oder fein gehackt schmücken sie Salate, Gemüse- und Käseplatten sowie kalte Buffets. Zum Kräuterstrauß oder Kranz gebunden halten sie sogar einen Tag lang frisch. Dazu ins Wasser stellen oder legen.

Frischkäsekugeln mit Schnittlauch

Frischkäse mit etwas Milch oder Sahne cremig rühren. Damit die Masse formbar bleibt, darf sie nicht zu flüssig werden. Mit einem Eisportionierer Kugeln formen. Schnittlauch in feine Röllchen schneiden und Kugeln darin rollen.

Mandel-Variante

Frischkäsekugeln mit farblich unterschiedlichen Umhüllungen machen sich besonders gut. Für die Variante mit Mandelhülle werden die Frischkäsekugeln in gerösteten Mandelblättchen gerollt.

Kräuterkränzchen – biegen, binden, fertig

Aus dickem Blumendraht einen Ring in gewünschter Größe formen. Dann aus jeder Kräutersorte, z. B. Petersilie, Dill, Salbei und Majoran einzelne Stiele zu kleinen Büscheln zusammenbinden.

Die unterschiedlichen Kräuterbüschel zu kleinen Sträußen arrangieren. Recht dicht nacheinander auf den Ring legen. Mit Küchengarn auf den Ring binden. Dazu einfach beides fest umwickeln.

Ins kalte Wasser gelegt, bleibt der Kranz bis zu seiner Dekoration schön frisch. Kräuterkränze kommen als Tischschmuck um Schalen, Teller und Kerzenständer sehr gut zur Geltung. Aber auch in der Mitte mit Cocktailtomaten ausgefüllt sieht der Kranz toll aus.

Melonen und Feigen – fruchtige Dekohits

Viele Formen, viele Farben. Melonen und Feigen zaubern die Sonne des Südens direkt auf den Tisch. Nirgendwo gedeihen diese Früchte besser und ist ihr Geschmack aromatischer. Melonen gibt es in so vielen Sorten, dass sie sich geradezu für kreative Tischdekorationen aufdrängen. In den schönsten Gelb-, Orange- und Rottönen leuchten die Farben des Fruchtfleisches. Geschmacklich passen Melonen und Feigen zu Süßem und Salzigem. Die beste Voraussetzung für eine vielseitige Verwendung.

Typisch italienisch und immer beliebt: Melone mit Parmaschinken. Auch Käse harmoniert wunderbar mit den fruchtigen Stückchen. Als größere und kleinere Kugeln kommen Melonen besonders dekorativ daher. Zu Spießchen arrangiert, als fruchtige Füllungen in ausgehöhlten Melonen oder in Schalenschiffchen – Melonenkugeln sind ein Muss am italienischen Abend. Die Feige als weiteres fruchtiges Symbol der südlichen Sonne sieht in Blütenform toll aus. Genießer schätzen besonders ihr feines Aroma. Sehr praktisch: die Feige isst man als ganze Frucht, inklusive Schale. Insgesamt lassen sich Melonen und Feigen recht schnell in fruchtige Dekohits verwandeln. Bis zum Eindecken der Tische sollten die vorbereiteten Früchte kühl stehen. Gekühlt schmecken sie am besten.

Edel – Feigenblüten

Die unscheinbare Feige hat es in sich. Aufgeschnitten kommt sie richtig gut an. Dazu die Feige achteln bzw. viermal quer einschneiden. Am Boden sollte sie zusammenhalten. Die Achtel auseinanderdrücken und das Fruchtfleisch mit einem Messer lösen.

Rund – Melonenkugeln

Unterschiedlich große Melonenkugeln sehen am schönsten aus. Die Melone quer halbieren und Kerne entfernen. Mit einem Kugelausstecher Kugeln aus dem Fruchtfleisch ausstechen. Damit die Kugeln nicht nur halbrund werden, tief genug ansetzen.

Vielseitig – Melonenschiffchen

Eine Form – viele Möglichkeiten. Als schlankes Schiffchen lässt sich die Melone bequem essen. Die Melone je nach Größe in acht oder sechzehn Spalten teilen. Dann mit einem spitzen Messer das Fruchtfleisch direkt an der Schale lösen.

Mundgerecht – Melonenstückchen

Abgelöst lässt sich das Fruchtfleisch im Handumdrehen zu kleineren Stücken weiterverarbeiten. Die Stückchen auf der Schale etwas versetzt anrichten oder daraus mundgerechte Spießchen zubereiten. Unser Tipp: Wassermelone mit Schafskäse.

Japanischer Abend – fernöstliche Lebensart

Fremde Kulturen kulinarisch zu entdecken hat seinen Reiz. Nicht nur für Experimentierfreudige bietet die japanische Küche eine exotische Abwechslung. Die Entdeckungsreise startet in den eigenen vier Wänden. Japan ist zwar weit weg, die typischen Zutaten für ein japanisches Essen gibt es trotzdem – im Asia-Geschäft. Längst haben Wok und Grill-Stein die heimischen Küchen erobert. Absolute Frische und höchste Qualität der Zutaten sind das Wichtigste bei der Zubereitung. Denn viele Speisen, wie Sushi und Sashimi, werden roh verzehrt. Die Herstellung der süßen, salzigen und scharfen Häppchen erfordern etwas Sorgfalt und Geschick. Die Japaner sind Meister im Umgang mit dem Messer und der kunstvollen Dekoration. Viele Speisen werden direkt am Tisch zubereitet – gegrillt oder gegart. So lässt sich alles in Ruhe vorbereiten. Höfliche Zurückhaltung als Wesen der Japaner spiegelt sich auch in der Tischdekoration wider. Klare Farben und Formen bestimmen das Ambiente. Möglichst stilecht sollte der gedeckte Tisch wirken. Schlichte Tischsets aus Japanpapier, Bambusstäbe als Tischdekoration und Teller mit japanischen Schriftzeichen sorgen für den richtigen Japan-Look. Die Schriftzeichen lassen sich mit Lebensmittelfarbe auf das Geschirr zeichnen. Ansonsten bedecken viele einzelne Schälchen, Platten und Brettchen den Tisch. Nicht zu vergessen: die Stäbchen. Nur so genießt man wirklich auf japanische Art.

Typisch japanisch

Tischsets aus Japanpapier

Japanpapier ist ein dünnes, zweifarbiges Reispapier mit typischer Struktur. Zu finden im Asia-Geschäft. Das Papier in der gewünschten Größe zuschneiden. Um die Kanten zu verstärken, das Papier an den kurzen Seiten nach oben umfalten.

Das Papier mit einem Locher seitlich vorlochen. Für das Band eignet sich ein schmales, schwarzes Satinband, ein Band aus Bast oder weichem Leder. Gleich mehrere Bänder durch die Löcher ziehen. Die Enden locker hinlegen.

Krepppapier

Aus langen Streifen Krepppapier lassen sich wirkungsvolle Dekoelemente herstellen. Passend zu den Farben der Tischsets daraus mehrfarbige Schleifen und Knoten binden.

Fisch vorbereiten

Fisch in kleine, gleichmäßige Stücke, Lauch in lange Streifen schneiden. Kurz dünsten. Die Lauchstreifen um die Fischstücke legen. Auf einer Platte nebeneinander anrichten. Die Häppchen werden direkt am Tisch gegrillt oder gebraten.

Japanische Gemüsedekorationen

Keiner beherrscht die hohe Kunst der Schnitttechnik so perfekt, wie die Japaner. Ein Grund sich davon etwas abzuschauen. Wozu ein japanischer Koch nur ein großes Messer braucht, lässt sich mit ein paar hilfreichen Werkzeugen ebenfalls bewältigen. Knackfrisch muss das Gemüse dafür sein. Möhren sind als Dekogemüse besonders beliebt bei den Japanern. Daraus schneiden sie bewundernswerte Kreationen, wie Blüten und Ornamente. Da Möhren schnell brechen, das Gemüse zunächst für etwa 2 Minuten in kochendes Salzwasser, dann in Eiswasser geben. Abgießen und auskühlen lassen. Die geschmeidigen Möhren können nun in alle möglichen Formen verwandelt werden.

Möhrenspirale

Ideal dafür ist ein Rettichschneider. Von oben angefangen wird die komplette Möhre vorsichtig, spiralförmig geschält. Die fertige Möhrenspirale etwas auseinander ziehen und dekorieren.

Gemüsebuchstaben

Eine dicke Möhre in 3 mm starke Längsstreifen schneiden. Aus den breiten Streifen mit einem kleinen, scharfen Messer die Buchstaben schneiden. Möglichst aus einem Stück.

Geriffelte Scheiben

Ein Buntmesser ist alles, was man dazu braucht. Verschiedenste Gemüse erhalten durch den Schnitt das schöne Streifenmuster. Dafür kann das Gemüse roh oder gedünstet sein.

Blumenornamente

Sieht hübsch aus: verschiedene Gemüse werden zu einem Bild zusammengefügt. Beispielsweise zu einer Blume mit Blütenblättern aus Möhrenscheiben. Stängel und Blätter werden aus Lauchgrün, die Blütenmitte aus dem weißen Lauchteil geschnitten.

Tellerdeko

Das einfache, kleine Muster wird aus rechteckigen Möhren- und Paprikastückchen geschnitten. Jeweils seitlich oben und unten einschneiden. Die feinen Streifen hochziehen und gegeneinander stellen.

Kunstvolles Zierwerk

Tellerschmuck aus Radieschen

Geht schnell und sieht entzückend aus: Radieschenblüten und Knospen. Die Radieschenschale längs oder quer einschneiden. Für die Blüte die äußere Schale nach außen formen. Ins lauwarme Wasser gelegt, blühen die Radieschen buchstäblich auf.

Zum Dekorieren eignen sich auch gut einzelne Radieschen. Am schönsten mit Wurzel und Blattansatz. Von oben nach unten feine Streifen aus dem Radieschen herausschneiden. Oder die Schale einkerben und blütenartig abheben.

Für diese Blütenvariante ein Radieschen in feine Scheiben schneiden. Ein weiteres Radieschen viermal über kreuz einschneiden. Jeweils eine Scheibe in eine Spalte setzen.

Zucchinimanschetten

Eine Zucchini in schmale Längsstreifen schneiden. Die Schale an einer Seite entfernen. Dann mit dem Messer dicht und gleichmäßig einschneiden. Den Zucchinistreifen einrollen und hinstellen.

Gemüsefiguren

Verschiedene Gemüse, wie Paprika, Rettich und Möhren, in dünne Streifen schneiden. Mithilfe von Mini-Ausstechförmchen kleine Figuren ausstechen. Einzeln dekorieren oder Bilder und Muster daraus legen.

Lauchdeko

Frühlingszwiebeln oder Porree in längliche Stücke schneiden. Eine Hälfte mit einem scharfen Messer bis zur Mitte einschneiden. Das Stück drehen und wiederholt einschneiden, bis sich die feinen Lauchstreifen nach außen drehen.

Schöne Schnitttechniken

Vielseitige Zucchini

Eine junge, feste Zucchini an der Unterseite gerade schneiden. Dadurch bekommt sie eine stabile Auflagefläche und lässt sich leichter zubereiten. Ein Ende entfernen. Von dort aus untereinander längs dünne Streifen einschneiden.

Die Streifen schlaufenartig nach hinten klappen. Dabei das Ende jeweils unter die vorherige Scheibe stecken. Eine gelbe Paprika in feine Streifen schneiden. Um jede Schlaufe einen Paprikastreifen legen. Mit Salbeiblättchen garnieren.

Für das Sternmuster eine Zucchini oder Schlangengurke in etwa 4 cm lange Stücke schneiden. Das Gemüse rundherum zur Mitte hin zick-zack-förmig einschneiden. Zuletzt den Gemüsestern in Paprikapulver drücken.

Fantastische Gurken

Gurkenfächer passen als Dekoration auf fast jede kalte Platte. Dazu Gewürzgürkchen längs halbieren. Dann von oben nach unten fein einschneiden. Beim Dekorieren die Streifen auseinander ziehen.

Sieht schwungvoll aus. Die zarte Acht wird aus dünnen Gurkenscheiben geformt. Die Scheibe bis zur Mitte hin einschneiden. Die Enden gegeneinander drehen und hinstellen. Mit etwas Dill und Mini-Dreiecken aus Paprika garnieren.

Mit einem Trick lässt sich selbst aus einer großen Schlangengurke eine Gemüsespirale machen. Einen langen Holzspieß in der Mitte in die Gurke stecken. Mit einem Messer rundherum einschneiden, Gurke dabei drehen. Den Holzspieß herausziehen, Spirale auseinander ziehen.

Exoten auf dem Tisch

Weit gereist! Kaum eine exotische Frucht, die nicht importiert wird. Das ganze Jahr ergänzen Mango, Papaya & Co. den heimischen Früchtereigen. Zu den japanischen Spezialitäten aus Fisch und Fleisch passen diese Früchte geschmacklich besonders gut. In der fernöstlichen Küche werden sie sowohl roh als auch gegart verwendet. Nur richtig reife Früchte entfalten ihr volles Aroma. Sehr originell, aber eher selten zu bekommen, sind Rambutan-Früchte. Die malayische Frucht hat eine igelartige Schale und saftiges, weißes Fruchtfleisch. Ihr Geschmack ähnelt dem von Litschis. Häufig zu finden sind Mangos und Papayas. Eine gute Mangosorte erkennt man an ihrem faserfreien Fleisch. Um Fruchtstücke für die Dekoration zu erhalten, mit einem scharfen Messer seitlich von oben nach unten direkt am Stein entlang schneiden.

Mango-Igel

Das Fruchtstück mit der Schale nach unten flach auf die Hand legen. Mit einem spitzen Messer das Fleisch erst längs, dann quer rechtwinkelig einschneiden. Die Schale dabei nicht verletzen. Nun das eingeschnittene Fruchtstück umstülpen. Dabei die Seite mit der Schale hochdrücken. Die einzelnen Fruchtwürfel lassen sich mit einem Löffel leicht von der Schale lösen. Einfach pur genießen.

Mangohälften

Eine gefüllte Mango, z. B. mit Geflügelsalat, ist ein Leckerbissen. Allerdings nicht ganz einfach, die Frucht von ihrem großen Stein unbeschadet zu lösen. Mit etwas Geschick gelingt dies. Mit dem Messer direkt auf dem Stein mittig entlang fahren. Hälften vorsichtig gegeneinander drehen.

Buffet –
heißkalte Überraschung

Die Stimmung ist ausgelassen, die Gäste gut gelaunt. Man verteilt sich in Haus und Garten. Im Mittelpunkt des Geschehens steht das Buffet. Es ist zentrale Anlaufstelle für alle. Immer wieder zieht es die Gäste an den interessant aufgebauten und dekorierten Buffettisch. Man bedient sich hier und da an den Köstlichkeiten. Greift wiederholt zu. Probiert Unbekanntes und entdeckt Neues für seinen Gaumen. Das Buffet lebt von seiner attraktiven Vielfalt. Und von der Begeisterung, wie gut kalte Speisen schmecken. Die Auswahl an Häppchen mit Fleisch, Gemüse oder Obst wechselt sich mit Terrinen und Pasteten ab. Dazu Rohkost mit Dips und natürlich Süßspeisen.

Mitternachtsbuffet

Besonderer Anlass – besonderes Motto. Überall dort, wo gern lang und ausgiebig gefeiert wird, ist ein Mitternachtsbuffet genau das Richtige. Springt die Zeit auf 0 Uhr ist der besondere Moment gekommen. Man feiert in den Geburtstag hinein oder begrüßt ein neues Jahr. Zur nächtlichen Stunde sorgt die Dekoration aus tiefblauer Lackfolie, Mond und Sternen für die passende Stimmung. Ein Buffet lässt sich bequem vor dem Fest aufbauen. Die fertig angerichteten Platten und Schalen stehen bis zum Eindecken kühl. In kürzester Zeit ist alles auf den Buffettisch gestellt. Das Mitternachtsbuffet ist eröffnet. Leere Platten werden durch volle ersetzt. So haben die Gäste die ganze Nacht hindurch Freude am Feiern und am Genießen.

Von der Platte zum Blickfang

Fleisch in allen Variationen ist immer beliebt. Kalt zubereitet, mit Gemüse, Früchten und allerlei Zutaten kombiniert, entfaltet Fleisch ein ganz eigenes Aroma. Auch warme Gerichte können das Buffet ergänzen. In speziellen Wärmebehältern bleiben Braten und andere Fleischgerichte lange heiß. Ideal ist ein Buffet, das den Gästen eine ausreichende Auswahl fleischhaltiger Speisen bietet. Kalt oder warm. Die Inszenierung des Buffets ist Bestandteil des Abends. Ein Buffet ist Blickfang und Treffpunkt.

Allein das Betrachten der unterschiedlich garnierten Fleischsorten und Speisen macht Spaß. Einen besonders glänzenden Auftritt hat garniertes Fleisch mit Aspik. Für Pikantes nimmt man dazu entfettete, klare Brühe und Aspikpulver. Für Früchte und Süßliches mischt man klaren Apfelsaft oder Wein mit Aspikpulver. Die Speisen mit der Aspiklösung „lackieren". Aspik verhindert auch das vorzeitige Austrocknen. Alles bleibt frisch und appetitlich.

Rustikales Bauernbuffet

Unter welchem Motto das Buffet stehen soll, hängt vom persönlichen Geschmack ab. Hilfreich sind bei der Wahl des Mottos, bereits vorhandene Gegenstände aus Haus, Keller und Garten für die Dekoration. Mit relativ wenig Aufwand gelingt ein geschmackvolles Buffet. Aus Holztischen, Keramikgeschirr, Holzbrettern und Körben lässt sich ein perfektes Bauernbuffet aufbauen. Entsprechend rustikaler sind die Speisen: ganze Bauernbrote, deftige Salate sowie Platten mit Wurst und Käse.

Glanzvoller Aspik

Ein Überzug aus Aspik bringt Speisen zum Glänzen. Dafür 500 ml (1/2 l) Flüssigkeit und etwas 20–30 g Aspikpulver (6–8 Blatt Gelatine) verrühren und aufstreichen. Aus schnittfest geliertem Aspik kleine Formen für die Garnierung schneiden oder ausstechen.

Verführerischer Apfel

Geschmacklich und optisch verschönern Äpfel die Fleisch- und Bratenplatten. Rote Äpfel wirken besonders auffällig. Kombiniert mit anderen Früchten entstehen daraus hübsche Obstgarnierungen.

Apfelecken

Mit einem scharfen Messer ein Viertel aus dem Apfel heraus schneiden. Aus dem Viertel nun einen oder zwei weitere Keile gleichmäßig ausschneiden. Die Schnittflächen mit reichlich Zitronensaft beträufeln. So wird der Apfel nicht braun.

Dekovariante

Der geschnittene Apfel sieht auch im Ganzen dekoriert schön aus. Dazu die Ecken etwas auseinanderschieben und untereinander anordnen. Äpfel sorgen in jeder Form für eine süß-säuerliche Komponente.

Äpfel und Birnen – verspielte Früchte

Äpfel und Birnen vergleicht man bekanntlich nicht. Botanisch gesehen sind sie doch verwandt. Gehören beide doch zur großen Kernobst-Familie. Das Tolle daran ist aber nicht nur das Tolle darin. Ihre Sortenvielfalt und die unendlich vielen Variationsmöglichkeiten in der Küche machen diese Obstsorten einzigartig. Das ganze Jahr über sind, von süß bis säuerlich, viele Sorten erhältlich. Äpfel und Birnen verfügen auch deshalb über eine besondere kulinarische Raffinesse. Für ein Buffet geradezu ideal. Man kann sie roh oder gegart verwenden, zerteilen, verzieren sowie kombinieren. In Wein oder Saft gegart werden Äpfel und Birnen zu einer kleinen Delikatesse. Verziert mit Blättchen, Pistazien, Belegkirschen oder rotem Tortenguss werden sie zur perfekten Garnierung. Dabei harmonieren Äpfel geschmacklich gut mit Wildfleisch, Geflügel und Fisch. Das feine Aroma der Birnen hingegen besser mit Schinken, pikant angerichtetem Fleisch und Käse.

Birnen - Allerlei

Gegart lassen sich Birnen leichter verarbeiten. Man kann sie dann leichter schneiden und die Schnittflächen verfärben sich nicht. Ihr feines Aroma verstärkt sich sogar dadurch. Je größer die Birne, desto länger muss sie garen. Entweder das Obst wird gedämpft oder ganz mit Flüssigkeit bedeckt und kurz leicht gekocht. Große Sorten eignen sich besser zum Verarbeiten als kleine. Auch Birnen aus der Dose sind geeignet. Eine köstliche Zubereitungsvariante: Die Birnen in Rotwein garen. Zusammen mit Zimtstange und Gewürznelke anrichten.

Speziell für Äpfel

Werden gern und viel Äpfel verarbeitet, ist der Apfelteiler ein unentbehrlicher Helfer. Er teilt den Apfel in viele gleichmäßige Stücke. Gleichzeitig trennt der das Kerngehäuse sauber heraus. Das klappt mit geschälten, ungeschälten und gegarten Äpfeln gleich gut.

Birne als Fruchtfächer

Eine Rotweinbirne kommt damit besonders gut zur Geltung. Dazu die geschälte Birne in Rotwein dünsten. Die Birne halbieren. Zum Stiel hin mehrfach einschneiden, nicht lösen. Beim Dekorieren auffächern.

Schöne Apfelscheiben

Manuell lässt sich ein Kerngehäuse auch entfernen. Den geschälten und gegarten Apfel zunächst in nicht zu dünne Scheiben schneiden. Mit einem kleinen Ausstecher einfach die Blüte und die Kerne aus der Mitte herausstechen.

Mit verschiedenen Ausstechern lassen sich die Apfelscheiben noch weiter verschönern. Der Rand wird dabei, z. B. mit einem gezackten Ausstecher, abgetrennt. Die gemusterte Apfelscheibe mit Erdbeerhälften oder anderen Früchten garnieren.

Buffet – Vielfalt für Auge und Gaumen

Perfekte Optik

Das Buffet steht im Mittelpunkt des Interesses. Je schöner und dekorativer die Platten, Schalen und Teller sind, desto besser kommen die Speisen darauf zur Geltung. Sehr elegant wirken verspiegelte Tabletts und Platten aus Chrom oder Edelstahl. Der Spiegeleffekt sorgt für schöne Lichtreflexe. Für die Speisen gilt Ähnliches: Je aufwendiger die Garnierung, desto höher der Aufmerksamkeitsgrad. Die Gäste lassen sich auf diese Weise gern zu etwas Neuem verlocken. Garnierungen nehmen eine gewisse Zeit in Anspruch. Daher eignen sich für das Buffet besonders Speisen, die sich gut vorbereiten lassen. Terrinen und Pasteten sind ideal. Sie halten länger frisch und die Garnierung ist gleich mit drin oder dran. Am Tag des Festes kann man sich so auf die frischen Garnierungen konzentrieren. Aber selbst diese lassen sich teils gut vorbereiten. Vorgegarte Gemüsegarnierungen halten im Kühlschrank frisch. Garnierungen mit Aspiküberzug ebenfalls. Rohe Gemüsestückchen können in Wasser schwimmend kühl gestellt werden. Der Ablauf der Vorbereitung lässt sich so Schritt für Schritt planen.

Terrine & Pastete

Die Klassiker auf dem Buffet. Praktisch und dekorativ zugleich. Eine Terrine ist einfach herzustellen. Dazu benötigt man ein passendes Gefäß, aus dem die fertige Terrine gestürzt wird. Zubereitet werden können ganz unterschiedliche Terrinen in Farbe und Geschmack. Aus Farcen von Gemüse, Fisch oder Fleisch. Die Zutaten werden vermischt und gegart.
Ist die Terrine abgekühlt, wird sie auf eine Anrichtplatte gestürzt. Ein Teil der Terrine wird auf dem Buffet in Scheiben vorportioniert. Dazu wird eine passende Sauce gereicht.
Eine mit Teig umhüllte Pastete darf auf dem Buffet nicht fehlen. Hackfleisch ist eine immer wieder willkommene Variante. Noch dazu leicht herzustellen. Köstlich ist eine Farce aus fein gehacktem Kalbfleisch, abgeschmeckt mit Majoran und Salbei. Als Einlage eignet sich allerlei Gemüse, wie Möhren in Kombination mit Pistazien. Die Hülle kann aus Pie-Teig, Hefe- oder Brioche-Teig bestehen.

Rezept für Gemüseterrine

400 g gegartes, kaltes Gemüse pürieren. Nach und nach 2 Eiweiß, Salz, Gewürze und 100 ml leicht geschlagene Sahne unterrühren. Die Masse in eine gebutterte Terrinenform im Wasserbad bei 80°C etwa 45 Minuten garen.
Tipp: Farblich unterschiedliche Gemüsefarcen in die Form schichten. Einige Gemüsestückchen in die jeweilige Schicht geben. Die aufgeschnittenen Scheiben wirken dann ausgesprochen schön.

Paprikafächer

Rote, grüne und gelbe Paprikaschoten putzen und halbieren. Die Paprikahälften in Dreiecke schneiden. Dann von der Innenseite her mehrfach einschneiden. Sieht hübsch aus, wenn mehrere Fächer übereinandergelegt werden.

Möhrenrädchen

Möhre schälen. Mit einem Kanneliermesser die Möhre rundherum der Länge nach einkerben. Die Möhre halbieren und in Scheiben schneiden. Die Möhrenrädchen eignen sich für eine Vielzahl von Garnierungen, z. B. in Terrinen.

Süßspeisen lassen niemanden kalt. Erst recht nicht, wenn sie so richtig in Szene gesetzt werden. Dazu gibt es eine Unmenge an schönen Möglichkeiten. Auch hier spielen wieder Glas und Spiegel eine buchstäblich tragende Rolle. Glitzernde Stoffe und Materialien sorgen für einen glanzvollen Auftritt. Goldenes, feines Lametta oder Engelshaar setzen effektvolle Glanzpunkte. So herausgeputzt avanciert selbst ein einfacher Vanillepudding zum Star des Abends. Die Palette der Süßspeisen ist schier grenzenlos. Fruchtsalate, gefüllte Früchte, Rote Grütze, Flammeris, Cremespeisen, Sorbets und Eiscreme sind nur ein paar wenige Vorschläge. Auch aus Joghurt und Quark lassen sich verführerische Desserts zubereiten. Kleine Kuchen, Charlotten und Törtchen mit saftigen Früchten zählen ebenfalls zu den bevorzugten Süßigkeiten. Auf einem Buffet sind Süßspeisen keineswegs der Nachtisch. Für süße Naschmäuler unter den Gästen eher der Hauptgang. Gern lässt man sich im Laufe des Festes immer wieder zum Naschen verführen. Eine unterschiedliche Auswahl für das Buffet vorzubereiten, ist daher empfehlenswert. Wenn es um Desserts mit oder aus Früchten geht, bestimmt die jeweilige Jahreszeit die Auswahl. Aromatische Himbeeren, Erdbeeren, Heidelbeeren und viele andere Sorten bieten puren Fruchtgenuss. Herrlich dazu Vanillesauce oder Schlagsahne. Als dekorative Schale eignen sich größere ausgehöhlte Früchte, wie Melonen und Grapefruits. Fast alle Süßspeisen lassen sich gut vorbereiten. Unübertroffen schön sind aus Formen oder große Schalen gestürzte Flammeris, Eisbomben oder andere fest werdende Süßspeisen. Hübsch garniert mit Kiwisternen und Johannisbeeren werden sie so zu echten Hinguckern auf dem Buffet.

Natürlich schön

Obst und Früchte in vielen unterschiedlichen Farben, Formen und Sorten sind wirkungsvolle Gestaltungselemente. Ein Mix aus Exoten und heimischen Früchten ist am interessantesten. Obst und Früchte wirken auch ohne weiteren Schmuck. Ihre natürliche Schönheit kommt in einer Etagere oder einem großen Früchtekorb besonders gut zur Geltung. Weinranken und Efeublätter auf dem Buffettisch unterstreichen den natürlichen Charakter der Dekoration.

Ran an's Buffet – die Planung

Die Größe des Buffets hängt natürlich von der Anzahl der Gäste und den vorhandenen Räumlichkeiten ab. Es muss nicht zwanghaft alles auf einem Tisch aufgebaut werden. Eine thematische Anordnung aus kleineren Buffettischen kann genauso schön sein. Ein Tisch kann für Geschirr, Besteck und Gläser vorgesehen werden. Ein weiterer für das Hauptspeisenbuffet und ein dritter für das Nachspeisenbuffet. Wichtig bei der Tischwahl ist die Stabilität, da einiges an Gewicht zusammenkommt. Mit berücksichtigt werden muss das Gewicht für die Aufbauten, des Geschirrs und der mit Speisen gefüllten Platten. Ebenso die vorgesehenen Dekorationsgegenstände für das Buffet. Standfestigkeit ist auch gefragt, wenn es etwas Gedränge am Buffet gibt und Gäste möglicherweise an das Buffet stoßen. Das Buffet sollte deshalb dort aufgebaut werden, wo es gut zugänglich ist.

Das Eindecken

Alles ist vorbereitet. Die Gäste werden jeden Moment kommen. Jetzt ist der richtige Zeitpunkt die fertig vorbereiteten, garnierten Schalen, Schüsseln, Teller und Platten aufzutragen. Die Teller, das Besteck und die Servietten stehen bereits idealerweise auf einem Nebentisch. Dabei empfiehlt sich, etwa doppelt so viele Teller bereitzustellen, wie Gäste erwartet werden. Denn oft wird mit jedem Gang zum Buffet ein neuer Teller verwendet. Eine gute Alternative ist es Teller, Besteck und Gläser bereits an den Essplätzen einzudecken. Die Speisen und Gerichte sollten in der Reihenfolge platziert werden, wie sie verzehrt werden. Vorspeisen, Hauptspeisen, Desserts. Bei größeren Buffets bietet sich an, die Speisen in doppelter Ausführung hinzustellen.

Ran an's Buffet – der Aufbau

Auf die richtige Präsentation kommt es an. Alle Speisen auf gleicher Höhe, der Tischebene, zu präsentieren wirkt unübersichtlich. Wesentlich abwechselungsreicher ist der Aufbau verschiedener Ebenen in unterschiedlichen Höhen. Dadurch lassen sich wirkungsvoll gestalterische Akzente setzten. Besonders schön gelungene Zubereitungen rücken so in den Vordergrund. Die Erreichbarkeit aller aufgetischten Speisen wird durch die Höhenunterschiede ebenfalls unterstützt. Als Aufbauten eignet sich tatsächlich alles Mögliche. Kartons, Holzblöcke, umgekehrte Schüsseln und Töpfe. Aber auch Bretter, die wie eine Brücke aufgebaut werden. Daraus ergeben sich unterschiedlich große und geformte Flächen. Wichtig: Die Fläche muss mindestens so groß sein, um Schalen und Platten sicher darauf abzustellen. Sind die Aufbauten auf dem Tisch arrangiert, geht es an die Abdeckung. Weich fließender Dekostoff vom Meter ist dafür besonders gut geeignet. Reichlich Stoffbahn über den Tisch ausbreiten. Hier und da zusam-

menraffen und feststecken. Bei etwas starreren Materialen, wie Lackfolie, bietet sich an, zunächst den Tisch ohne Aufbauten abzudecken. Die Aufbauten dann einzeln mit ausreichend viel Folie abdecken. Die Tischseiten bieten weitere Dekorationsfläche. Der Stoff kann an den Seiten etwas gerüscht fest gesteckt oder geklammert werden. Ein breites Stoffband oder eine Blumengirlande verdeckt dann die Kante. Vorne wird der Stoff zur üppigen Schleife zusammengefasst. Die Seiten können auch mit einer zusätzlichen Stoffbahn in schwungvollen Bögen umrahmt werden.

Der Tisch

So könnte es aussehen. Umgekehrte Töpfe, Schüsseln, Behälter und Kartons werden standsicher angeordnet. Der Tisch sollte nicht zu tief sein. Sonst wird es schwierig, alle Speisen zu erreichen. Tipp: Tischlerböcke und Platten verwenden.

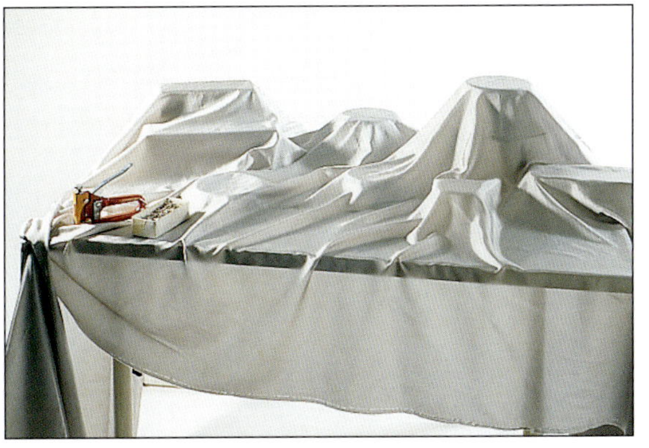

Die Aufbauten

Durch die Gegenstände sind unterschiedliche Standflächen entstanden. Auch in der Höhe variieren die einzelnen Ebenen. Jede Schale und Platte findet so ihren optimalen Platz.

Die Abdeckung

Ein paar Meter Stoff kommen schnell zusammen. Die Aufbauten müssen gut abgedeckt sein. Es muss so viel Stoff sein, dass er nach Bedarf an verschiedenen Stellen gerafft und locker drapiert werden kann. Ideal dafür ist weich fließender Dekostoff vom Meter.

Die Umrandung

Die Tischseiten werden mit einer bodenlangen Schürze ummantelt. Reichlich Stoff, gern auch andersfarbig, wird zu einer Rüsche gerafft bzw. gekräuselt. An der Tischkante wird der Stoff festgesteckt. Die Ansatzstelle lässt sich z. B. mit einem breiten Dekoband verdecken.

Erntedankfest – kulinarisches Dankeschön

Die Erde ernährt uns. Jeden Tag, das ganze Jahr. In einer atemberaubenden Vielfalt und Fülle. Sich daran zu erinnern, fördert das Bewusstsein für den Schutz der Natur. Erntedank zu feiern ist daher nicht nur ein traditioneller Brauch. Ob auf dem Land oder in der Stadt – Ernährung ist überall ein wichtiges Thema. Erntedank kann daher allerorts der Anlass für eine Einladung sein. Typischer Zeitpunkt für das Erntedankfest war der Herbst. Die Arbeit auf den Feldern war getan, die Ernte eingebracht. Die Kornkammern und Vorratsräume waren randvoll. Das Erntefest stand für Dankbarkeit und Freude über das, was die Natur den Menschen gibt. Noch heute wird das Erntedankfest nach überliefertem Vorbild gefeiert. Mit Erntesegen und Festessen. Auch in kleinerem Rahmen lässt sich Erntedank feiern. Bei der Dekoration bedient man sich nach Herzenslust an den Gaben der Natur. Alles was Feld und Garten zu bieten haben, kommt auf den Tisch. Brot darf als wichtiges Symbol für den Erntesegen nicht fehlen. Über allem hängt die Erntekrone – gekauft oder selbst gemacht. Sie wird aus Garben gebunden und mit Blumen besteckt. Aus getrockneten Garben, Maiskolben, Laub und Gräsern lassen sich wunderschöne herbstliche Gestecke machen. Große Gebinde und aufgefädelte Reihen aus buntem Gemüse schmücken Wand und Tisch. Prall gefüllte Körbe mit Kräutern, Früchten und Gemüse sehen herrlich dazu aus. Kürbisse in allen Farben und Formen ergänzen das Arrangement. Natürliche Schönheit in Hülle und Fülle ist die beste Dekoration.

Erntedankbuffet – natürliche Pracht

So üppig die Dekoration zum Erntedank auch sein mag – das Festessen fällt traditionell eher bescheiden aus. Ländlicher Charme prägt das ganze Buffet. Von allem reichlich, aber nie unbescheiden, ist die richtige Mischung. Gemüse in allen Variationen passen zum Anlass. Süßsauer in großen Gläsern eingelegt sind sie noch dazu ausgesprochen dekorativ. Zwiebelkuchen und Pizza kommen gleich samt Blech aufs Buffet. Auch Quiche- und Tarteformen aus Keramik sehen ansprechend aus. Zusammen mit gefüllten Broten auf Holzbrettern lebt so die gute alte Zeit fast wieder auf. Duftender Mittelpunkt ist der Festtagsbraten. Das kann ein Schinken in Brotteig, ein rustikaler Wildbraten, aber auch ein einfacher, großer Braten sein. Dazu wird Bier und Landwein serviert. Ernte sei Dank.

Ein schöner Holztisch braucht kein Tischtuch. Höchstens aus dekorativen Gründen werden Leinentücher oder Geschirrhandtücher darauf gelegt. Andere Tische lassen sich mit unge-

färbten oder natürlich strukturierten Stoffen, wie Rupfen oder Nessel, abdecken. Glücklich, wer noch Omas Spitzen umhäkelte Tischdecke im Schrank hat. Oder noch über ein altes „Schätzchen" mit Blaudruck oder Stickerei verfügt. Das gibt dem Ganzen eine besonders nostalgische Note. Die abgedeckte Tischfläche lässt sich zusätzlich mit Herbstlaub oder Getreidestreu verschönern. Darüber kommt eine Glasplatte oder Cellophanfolie. Terracottaschüsseln, buntes Keramikgeschirr und Holzgegenstände sorgen vollends für den rustikalen Erntedankfest-Charakter des Buffets.

So wird's gemacht

Man benötigt zwei gerillte Brettchen. Damit die Butter nicht haften bleibt, die Brettchen in kaltes Wasser legen. Aus gut gekühlter Butter gleichmäßige Würfel schneiden. Zwischen den Brettchen hin und her zu Kugeln formen. Ins Eiswasser legen.

Frische Kräuter sehr fein hacken. Reichlich Paprikapulver in ein Schälchen geben. Die geformten Butterkugeln darin wälzen. Ergibt einen schönen Farbkontrast. Variationen: Die Butterkugeln in gehackten Nüssen oder Pistazien wälzen.

Butterkugel-Deko

Knuspriges, frisches Brot und Brötchen genießt man am besten pur oder mit Butter. Eine hübsche Idee fürs Buffet ist die Traube aus vielen, kleinen Butterkugeln. Auf einer großen, auffälligen Platte kommt das Motiv richtig gut zur Geltung. Etwa 25 Butterkugeln mit Kräuterhülle vorbereiten und traubenartig aneinanderlegen. Stiel und Blatt können, wie hier, aus Teigresten gebacken werden. Einfacher und natürlicher wirkt die Dekoration aus echten Blättern. Eine Weinranke ist dafür ideal.

Fladenbrot & Quiche

Ideen mit Fladenbrot

Fladenbrot ist das Multitalent unter den Brotsorten. Mittlerweile eine der beliebtesten importierten Spezialitäten. Fladenbrot gibt es in vielen Sorten und Größen. Mit Sesam, Kreuzkümmel oder als Naan-Brot, der indischen Variante. Manche passen sogar in den Toaster oder sind zum Erwärmen in der Mikrowelle vorbereitet. Kurz knusprig aufgebacken, schmeckt Fladenbrot am besten. Große Fladenbrote werden dann halbiert und mit knackigem Gemüse, Schafkäse und frischem Aufschnitt belegt. Schön würzig sollte der Belag sein. Ganz nach Belieben. Auf dem Buffet wird das Fladenbrot dann auf Portionsgröße zerteilt. Die kleineren Fladenbrote, wie Pitataschen, werden nur aufgeschnitten. In die Brottasche kommen als Füllung Krautsalat, Tomaten, Oliven, Schinken und vieles mehr. Die kleinen, gefüllten Brote können direkt aus der Hand gegessen werden. Fladenbrote sind eben vielseitig. Ein ideales Produkt für das rustikale Buffet.

Pikante Kuchen

Etwas feiner kommen Quiche und Tarte daher. Ihre Herstellung ist zwar etwas aufwendiger, dafür lassen sie sich sehr gut vorbereiten. Pikante Kuchen schmecken warm und kalt gleich gut. Ob Zwiebelkuchen oder Quiche Lorraine – Mürbeteig ist der ideale Boden dafür. Durch seine feste, feine Krume saftet der Belag den Kuchen nicht so schnell durch. Für einen runden Quicheboden verknetet man: 250 g Weizenmehl, 100–125 g Butter, 2–3 Esslöffel kaltes Wasser und etwas Salz. Pro Blech rechnet man etwa 400 g Mehl. Für Eilige empfiehlt sich Blätterteig. Die Form oder das Blech mit den fertigen Teigplatten auslegen. Teigkanten mit Eiweiß bestreichen und zusammendrücken. Ein Gemüsekuchen gelingt auch ohne spezielles Rezept. Als Belag eignen sich Zwiebeln, Lauch, Tomaten, Brokkoli, Spargel und vieles mehr. Schinken- oder Speckwürfel sorgen für die würzige Note. Zum Schluss wird der Belag mit einem Rahmguss aus Eiermilch und Käse übergossen und gebacken. Als Garnierung können aus Teigresten kleine Förmchen ausgestochen werden. Der fertige Kuchen kommt samt Quicheform auf das Buffet.

Gebackener Blumenkorb

Blumenkorb entwerfen

Der fällt garantiert auf, dieser Blumenkorb. Noch dazu verströmt er einen herrlichen Duft. Und ist gar nicht schwer nachzumachen. Zunächst einen Entwurf aufs Papier bringen. Wichtig sind die Umrisse. Die Blumen kommen erst zum Schluss.

Schablone herstellen

Die Schablone ausschneiden, auf den Teig legen. Mit einem Messer die Form aus dem Teig sauber ausschneiden. Insgesamt braucht man eine Teigmenge aus 500 g Weizen- oder Roggenmehl. Daraus einen Hefe- oder Honigkuchenteig herstellen und ausrollen.

Teigplatte vorbereiten

Die verbliebenen Teigreste zusammen kneten. Hieraus entstehen weitere Details für die Verzierung. Mit einem Holzspieß den Teig mehrmals einstechen. So bilden sich beim Backen keine Blasen.

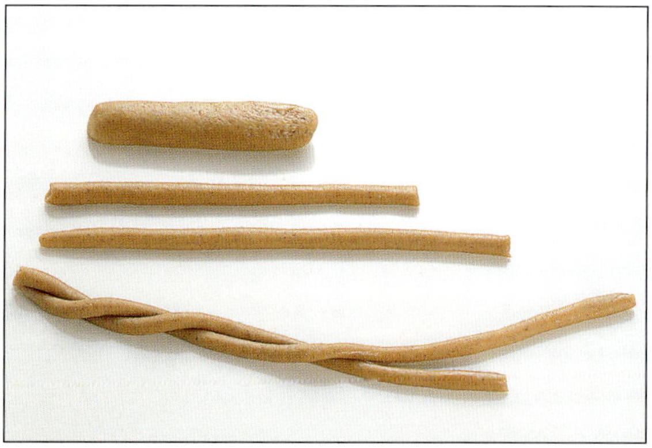

Teig flechten

Aus den Teigresten mehrere gleichmäßige Rollen formen. Zwei Teigrollen zu einer Kordel umeinander legen. Aus der Kordel entstehen Henkel und Korbrand. Das Korbgitter entsteht aus den einfachen Rollen.

Korb gestalten

Die Teigplatte dünn mit Kondensmilch bestreichen. Zunächst aus den einfachen Teigrollen das Korbgeflecht auflegen. Abwechselnd gitterförmig über- und untereinanderlegen. Danach die Kordel als Korbrand und Henkel anlegen.

Kernige Blumen

Die Blüten werden aus unterschiedlichen Körnern, Kernen und Gewürzen gestaltet. Kürbiskerne, Mandeln und Pistazien eignen sich für die Blütenblätter. Verziert werden sie mit Rosinen, Hagelzucker und Sesamsaat.

Adventstee –
gemütliche Vorfreude

Teatime im Advent. Eine kleine Auszeit vom Weihnachtstrubel. Die Hektik bleibt einen ganzen Nachmittag lang draußen vor der Tür. Endlich kann man die adventliche Stimmung auf sich wirken lassen. Die Einladung zum Adventstee ist daher eine willkommene Gelegenheit sich gemeinsam auf's Fest zu freuen. Die Tischdekoration gibt daher schon einen kleinen Vorgeschmack auf Weihnachten. Glänzender Weihnachtsschmuck, immergrünes Blattwerk und winterliche Gewürze geben dem Ganzen einen stimmungsvollen Rahmen. Eine Stoffbahn aus edlem, roten Samt wird locker über das weiße Tischtuch drapiert. Zwischen den Platten, Tellern und Gläsern ranken rotgoldene Kordeln und Quasten. Detailverliebt sind die kleinen Gewürzgebinde. Dazu werden echte Ilex- oder Efeublätter mit getrockneten Orangenscheiben und Zimtstangen zusammengebunden. Zugeschnittene Sterne aus Goldfolie setzen unter den Punschgläsern glänzende Akzente. Weiches Kerzenlicht zaubert Lichtreflexe auf den weihnachtlich dekorierten Tisch.
Klein aber fein ist die Auswahl der Köstlichkeiten zum Adventstee. Süße und pikante Naschereien wechseln sich ab. Selbst gebackene Plätzchen gehören natürlich dazu. Ebenso Pralinen in schimmernder Folie oder unverpackt. Als Pendant zum Süßen schmeckt auch Würziges zum Tee. Blätterteigstangen mit Käse und Paprika zum Beispiel. Oder leichte Sandwiches belegt mit Avocadoscheiben, Ei, Käse oder Wurstaufschnitt. Neben dem Tee freuen sich die Gäste auch über andere wärmende Getränke, wie Grog, Punsch oder Glühwein.

Adventsschmuck für den Tisch

In der Weihnachtszeit schimmert, leuchtet und glänzt es von allen Seiten. Gewisse Trends bestimmen das jährliche Angebot an Schmuckwerk. Eines schöner als das Andere. Da fällt die Entscheidung nicht leicht. Traditionelle Symbole spielen an Weihnachten trotzdem eine wichtige Rolle. Und davon findet sich im Haus einiges. Anders zusammengestellt, hier und da mit Neuem ergänzt, erfindet man so die Weihnachtsdekoration jedes Jahr neu. Passend zum ersten Advent sind Haus und Garten damit geschmückt. Auf dem gedeckten Tisch zum

Adventstee kommen schöne Einzelstücke, wie die filigrane Silberkugel, gut zur Geltung. Statt eines Gestecks mit Blumen lassen sich mit Christbaumkugeln stimmungsvolle Effekte erzielen. Dazu Blumensteckmasse in einer Schale oder auf einem Holzbrett befestigen. Die Kugeln mithilfe von Blumendraht anbinden und zusammenstecken. Eine Efeuranke herumlegen. Mit feinem Silberdraht verzieren. Transparente Kugeln wirken auch schön auf einem großen Glasteller. Traditionell gehört eine Schale mit roten Äpfeln auf den weihnachtlich gedeckten Tisch.

Sternuntersetzer

Untersetzer sind praktisch. Aus Goldfolie gestaltet, werden sie zum festlichen Stilelement auf dem Tisch. Ideal sind die Untersetzer für Punsch- oder Grogggläser. Auf dem glänzenden Unterleger sehen auch Kerzengläser oder kleine Schälchen mit Knabbereien hübsch aus. Der Sternuntersetzer wird aus goldener Metallfolie gemacht. Die eigentlich glatte Folie reflektiert durch die Knitter das Licht vielfach. Etwa zwölf Zentimeter groß sollten die Untersetzer werden.

So wird's gemacht

Einen Stern auf Papier zeichnen. Die Schablone ausschneiden. Von der Goldfolie ein entsprechend großes Stück abschneiden. Die Folie zusammenknüllen und wieder ausbreiten. Die Schablone auf die knittrige Goldfolie legen. Mit einer Schere den Stern sauber ausschneiden. Damit eine ebene Standfläche entsteht, zu große Knitter etwas glätten. Aufgefädelt wird aus den Untersetzern schöner Sternschmuck für den Christbaum.

Sandwiches – feine Brotzeit

Die beliebten Weißbrotecken sind echte Engländer. In England haben Sandwiches, genau wie die Teestunde, eine lange Tradition. Man isst sie dort zum High Tea zwischen Nachmittagstee und Abendbrot. Als Appetithäppchen sind sie genau richtig. Luftig-leicht mit feiner Auflage. Mittlerweile isst man Sandwiches allerorts und zu vielen Gelegenheiten. Mit speziellen Sandwichtoastern lassen sich die Brotdreiecke weiter variieren und überbacken. Allgemein ist Sandwiches-Toast so weich, dass ein Entrinden der Kruste nicht unbedingt sein muss. Zum Adventstee reicht man die Sandwiches in klassischer Form. Hübsch garniert und portioniert. Wird zu viel Belag übereinander geschichtet, verrutscht das Ganze schnell und lässt sich nur schwierig verzehren. Aus vielen einfachen Zutaten lässt sich ein leckerer Belag zubereiten. Zwischen die Dreiecke passen Salatblätter, hauchdünne Gurken- und Eierscheiben. Außerdem Räucherlachs oder Farcen aus anderem Räucherfisch. Für die Garnierung etwas vom Belag zurückbehalten. Mit frischem Dill und Petersilie verzieren. Einfach mal drauf los kombinieren.

Leckere Varianten

Sandwiches sind unkompliziert. Sie erlauben die beliebige Kombination verschiedener Zutaten. Es gibt keine Regel für ihre Zubereitung, außer dass die Sandwiches sehr appetitlich aussehen sollten. Nachweislich lecker sind diese Varianten: Kräuterbutter, Schinken, Käse und Radicchio-Salatblatt. Das Salatblatt vorher etwas flach drücken, damit sich das Sandwich problemlos essen lässt. Als Garnierung kommen Stücke von gegartem, grünen Spargel mit etwas Kresse oben drauf. Als Farbtupfer sind noch feine Streifen vom Radicchio-Salat dabei.

Sandwiches belegen

Kräuterbutter oder Frischkäse mit Kräutern schmecken als Aufstrich fast zu jedem Belag. Besonders gut zu Schinken, Käse, Ei, Fisch, Salat, Tomate und Gurke. Zwei Toastbrotscheiben einseitig nicht zu dick mit dem Aufstrich bestreichen.

Dreieckig muss ein echtes Sandwich sein. Das funktioniert mit klassischem Toastbrot am einfachsten. Das Brot einfach diagonal durchschneiden. Ovale Brotscheiben vorher in handliche Quadrate schneiden.

Käsestangen – pikante Knabberei

Der frühe Abend ist ein guter Zeitpunkt für eine gemütliche Tee-Runde. Zum Ausklang des Abends entspannt es sich gut bei duftendem Tee und kleinen Leckerbissen. Da hat man nicht nur Appetit auf Süßes. Pikante Knabbereien sind genauso beliebt. Käsestangen eignen sich dafür ausgezeichnet. Sie sind leicht, locker und handlich. Und gar nicht aufwendig herzustellen. Küchenfertig vorbereiteter Blätterteig wird in mehreren Ausführungen angeboten. Es gibt ihn als vorgeschnittene, rechteckige Teigscheiben oder als größere Teigplatten zum Ausrollen. Blätterteig lässt sich einfach verarbeiten. Man kann ihn formen, schneiden, aneinanderfügen oder Figuren daraus ausstechen. Für die Käsestangen braucht man möglichst große Teigplatten. Dazu die Teigplatten nicht durch Zusammenkleben aneinanderfügen. Die Klebestellen öffnen sich leicht beim Backen und das Gebäck wird brüchig. Besser funktioniert es, wenn alle Teigplatten übereinandergelegt werden. Dann mit einer Teigrolle zu einem großen Rechteck ausrollen. Bestreicht man das Blätterteiggebäck vor dem Backen mit Eigelb oder Sahne bekommt es einen goldbraunen Glanz. Bei längerer Backzeit erst zehn Minuten vorher einstreichen, sonst wird es zu dunkel.

Blätterteig vorbereiten

Den Blätterteig rechteckig ausrollen. Mit flüssiger Butter bestreichen. Die Hälfte des Teigs mit geriebenem Käse bestreuen, z. B. Gouda oder Emmentaler. Zum Würzen des Käses eignen sich sehr gut scharfes Paprikapulver, Curry oder Kümmel. Das jeweilige Gewürz auf den Käse streuen. Die freie Teighälfte über die gefüllte Seite schlagen. Teigplatten leicht gegeneinanderdrücken.

Käsestangen schneiden

Mit einem Gebäckrädchen lässt sich das gefüllte Teigrechteck mühelos in Streifen schneiden. Wird der Teig zu sehr gedrückt, kommt die Füllung an den Seiten heraus. Jeden Teigstreifen wie eine Kordel leicht aufdrehen. Mit Eigelb oder Sahne bestreichen. Zusätzlich können die Käsestangen mit Sesamsaat, Kümmel oder etwas geriebenem Käse bestreut werden. Zuletzt etwa 15 Minuten bei 200°C backen.

Plätzchen – schöne Weihnachtsbäckerei

Weihnachten und Plätzchenbacken – das gehört untrennbar zusammen. Das ist Freude und Naschen in einem. Der Duft frisch gebackener Plätzchen mit winterlichen Gewürzen ist unwiderstehlich. Pfeffernüsse, Spekulatius und Lebkuchen schmecken in der kalten Jahreszeit am besten. Plätzchen zu backen gehört nicht nur für Kinder zur Vorfreude auf Weihnachten. Es ist ein Teil davon. Im Advent laufen die Backöfen auf Hochtouren, um unzählig viele Plätzchensorten zu backen. Mit viel Zeit und Liebe widmet man sich der Zubereitung von Schwarz-Weiß-Gebäck, Vanillekipferln und Zimtsternen. Selbst Dominosteine werden selbst gemacht. Mit etwas Planung gelingt es, pünktlich zum Fest,

einen ganzen Plätzchenreigen unterschiedlicher Sorten auf den Gabentisch zu stellen. Fettreiche Plätzchen, wie Mürbeteig- und Spritzgebäck, können frühzeitig gebacken werden. Denn in verschlossenen Dosen halten sie lange frisch. Auch Plätzchen aus Honigteig lassen sich gut aufbewahren. In der geöffneten Dose werden diese Sorten nachträglich weich. Frische Plätzchen, wie Makronen, Zimtsterne oder Elisenlebkuchen kommen zur Aufbewahrung ebenfalls in eine verschlossene Dose. Plätzchen lassen sich auch nachträglich hübsch herausputzen. In der Dose leidet schon mal die eine oder andere Verzierung und wird unansehnlich. Verzierungen mit Gelee und Schokoguss sehen frisch gemacht einfach am schönsten aus.

Ausstech-Plätzchen

Kinder lieben das Ausstechen und Verzieren. Mit Plätzchen aus Mürbeteig geht beides. Den geschmeidigen Mürbeteig auf einer kalten Platte nicht zu dünn ausrollen. Mit Ausstechformen Sterne, Monde und Herzen ausstechen.

Spritzgebäck verzieren

Mit einer Gebäckspritze den Teig in Ringe spritzen. Backen und abkühlen lassen. Kuvertüre im Wasserbad schmelzen. Mit einem Löffel die Schokolade in feinen Fäden kreuz und quer darüber verteilen.

Zuckerguss herstellen

150 g gesiebten Puderzucker mit 2 Esslöffeln Wasser, Saft, Rum oder Eiweiß verrühren. Auf dunklen Plätzchen, wie Honigteiggebäck und Lebkuchen, kommt weißer Zuckerguss schön zur Geltung.

Farbiger Zuckerguss

Mit einigen Tropfen Speisefarbe lässt sich der Zuckerguss einfärben. Daraus lassen sich fantasievolle Verzierungen und Füllungen machen. Feine Tupfen und Muster gelingen am einfachsten mithilfe einer kleinen Spritztüte aus Papier.

Weihnachtsmenü – der Höhepunkt des Jahres

Darauf freut sich die ganze Familie – das Festessen zu Weihnachten. In jeder Beziehung laufen die Gastgeber aus diesem Anlass zur Hochform auf. Die festliche Dekoration passt bis ins Detail und das Menü ist aufwendig. Da kommt nur das Beste auf den Tisch. Omas Rezept für den großen Festtagsbraten hat zu Weihnachten Hochsaison. Denn zum Fest der Liebe sind Familientraditionen wichtig. Das Weihnachtsmenü ist der Anlass des Jahres. Dafür, wie man ihn gestalten kann, gibt es unzählige schöne Möglichkeiten. Eine davon ist dieser gedeckte Tisch: eine glänzende und funkelnde, große Festtagstafel. Durch ein strahlend weißes Tischtuch kommt die Tischdekoration richtig zur Geltung. Weiß reflektiert außerdem gut die unterschiedliche Tischbeleuchtung. Gold schimmernd verläuft ein breites Brokatband in der Mitte des Tisches. Viele kleine Kerzengläser verteilen stimmungsvoll das Licht. Verspielt dazwischen ein transparentes Goldband. Kleine Metallsternchen glitzern überall auf dem Tisch. Ein weihnachtlicher Schmuck aus Tannengrün ziert die Servietten. Die Vorspeise ist bereits eingedeckt. Ein kleiner Tannenbaum aus Avocado-Mousse erwartet die Gäste. Im Mittelpunkt des Weihnachtsessens steht der Braten. Hier ein Putenbraten mit einer Garnitur aus Herzoginkartoffeln. Geflügel als Festtagsbraten kann eine leicht bekömmliche Variante sein. Wie auch immer die Menüfolge aussieht – Hauptsache man erfreut sich an der weihnachtlichen Dekoration von Tisch und Speisen. So wartet man gleich nach dem Essen gespannt auf das nächste Weihnachtsmenü.

Es weihnachtet auf dem Tisch

Weihnachtliches Dekomaterial gibt es schon lange vor dem Fest in Hülle und Fülle. Bei der Auswahl zählt eigentlich nur der persönliche Geschmack. Anregungen für die eigene Tischdekoration kann man sich überall abschauen. Schöne Dekorationen entstehen auch aus ganz einfachen und natürlichen Dingen. Teure Weihnachtsdeko muss nicht unbedingt die Schönere sein. Aus Tannengrün und Mistelzweigen lassen sich Gebinde und Gestecke für Türen oder Wände machen. Mit kleinen Äpfeln, roten Beeren und Bändern verschönert, entsteht daraus wunderschöner, traditioneller Weihnachtsschmuck. Aus kleinen Zweigen Tannengrün ist auch der etwas andere Serviettenring gemacht. Ein Weihnachtsanhänger wird zur Brosche um-

funktioniert. Mit einer feinen, goldfarbenen Kordel wird das Schmuckstück auf den Zweig gebunden. Die Serviette wird locker zusammengefasst und mit der Kordel das kleine Gesteck fixiert. Mit winzigen, hübsch verpackten Päckchen kann man die Gäste schon vor dem Essen überraschen. Die Päckchen stehen auf oder neben dem Teller und enthalten eine Namenskarte für die Sitzordnung oder eine andere Überraschung. Sehr festlich wirken auch handgeschriebene Menükarten. Häufig greift man bei der Dekoration auf seine Lieblingsstücke zurück. Oft hängen schöne Erinnerungen daran, die man aus diesem Anlass gern wieder aufleben lässt. Mit anderen Bändern, Kugeln oder Baumschmuck dekoriert, wirkt das Alte wie neu.

Festliche Schleifen

Schleifenband ist vielseitig. Es schmückt Gebinde, Gestecke und Sträuße. Das Band wirkt auch für sich allein, besonders als Schleife. Häufig ist im Rand der Dekobänder ein feiner Draht eingearbeitet. Dadurch lässt sich das Band bzw. die Schleife in die gewünschte Form bringen. Schöner sieht eine gelegte Schleife mit dem Band aus. Mit einer Heftklammer die Schleife in der Mitte zusammenheften. Mit einer dünnen Goldkordel einen Baumanhänger auf der Klammerstelle befestigen. Die Schleife als einzelnes Dekoelement auf den Tisch legen.

Weihnachtliche Vorspeise

Zunächst den Vorspeisenteller ausmessen. Einen entsprechend großen Tannenbaum auf ein doppelt gelegtes Papier zeichnen. So wird die Schablone symmetrisch. Die Schablone ausschneiden und auf den Teller legen. Mit abgeriebener Muskatnuss bestreuen.

Die Schablone vorsichtig abheben. Für das grüne Mousse Avocados passieren. Das Püree mit geriebener Zwiebel, Limettensaft, Dill und Salz abschmecken. In einen Spritzbeutel füllen und das Tannenmuster am Rand aufspritzen. Das Innere mit Quarkcreme füllen.

Festtagsbraten – appetitlich dekoriert

Das Weihnachtsessen braucht einige Zeit an Vorbereitung. Gut, wenn der Hauptgang einige Zeit unbeachtet vor sich hin brutzeln kann. Mit wenig Aufwand wird der Braten im Backofen fast von ganz allein zum Festschmaus. Eine Füllung macht das Fleisch zart, saftig und aromatisch. Dazu Weißbrot und Schinkenwürfel anbraten und mit gehackten Kräutern vermengen. Die Geflügelleber klein hacken. Mit einigen Löffeln Fleischbrühe zur Füllung geben. Ist der Braten goldbraun und knusprig geworden, muss er nur noch portioniert werden. Dazu den Braten mit der Brustseite nach oben legen. Zuerst Schenkel und Flügel abtrennen. Ober- und Unterschenkel im Kniegelenk trennen. Das Brustfleisch und das Fleisch an den Seiten in Scheiben schneiden.

Rehrücken tranchieren

Den fertigen Rehrücken zehn Minuten im ausgeschalteten Backofen ruhen lassen. Mit einem scharfen Messer das Fleisch beidseitig direkt am Rückenknochen lösen.

Die Bratenstücke schräg in Scheiben schneiden. Das sieht schöner aus. Die Scheiben wieder am Knochen anordnen. So wird der Braten portioniert und trotzdem im Ganzen serviert.

Papiermanschetten

Besonders für Geflügelschenkel eignen sich Papiermanschetten. Sie sind nicht nur Schmuck, sondern erfüllen auch einen praktischen Zweck. Der Schenkel wird zum Essen an der Manschette angefasst. So werden die Finger nicht fettig.

Für die Papiermanschette einen Streifen Papier doppelt falten. Als Papier eignet sich Pergament- oder Krepppapier. Mit einer Schere das Papier von der gefalteten Seite aus einschneiden. Dabei sollten schmale, gleichmäßige Fransen entstehen.

Größeren Geflügelkeulen, wie Putenschenkel, zunächst tranchieren. Dann den Schenkelknochen mit der Manschette umwickeln und befestigen. Eine Papiermanschette ist eine einfache Dekoration mit großer Wirkung.

Kartoffeln – festliche Variationen

Die tolle Knolle ist immer wieder für eine Überraschung gut. Fast zu schade zum Essen sind die kartoffeligen Speisendekorationen. Keine Beilage ist so verwandlungsfähig wie die Kartoffel. Allein die Vielzahl der Kartoffelgerichte aus dem Backofen ist beispiellos. Gratiniert, püriert, überbacken oder frittiert – Kartoffeln sehen in jeder Form lecker aus.

Pikante Kartoffelhälften

Kartoffeln schälen und halbieren. Die rohen Kartoffelhälften mit Butter bestreichen. Mit Kümmel, geschältem Sesam und Meersalz bestreuen. Bei 200°C Ober-/Unterhitze etwa 30 Minuten backen.

Kartoffelkugel-Auflauf mit Kräutern

Mit dem Kugelausstecher Kugeln aus gekochten Kartoffeln ausstechen. Mit Olivenöl beträufeln, mit gehacktem Rosmarin, Salbei und geriebenem Parmesan bestreuen. Bei 200 °C Ober-/Unterhitze etwa 30 Minuten backen.

Kartoffelgratin mit Eier-Sahne-Guss und Haselnussscheiben

Rohe Kartoffeln in Scheiben schneiden, salzen und pfeffern. Eier und Sahne verrühren, darüber geben. Bei 200 °C Ober-/Unterhitze etwa 30 Minuten backen.

Kartoffelgratin mit Parmesan

Gekochte Kartoffeln mit einem Buntmesser in Scheiben schneiden. Eier und Sahne verrühren, darüber geben. Mit Parmesan bestreuen. Bei 200 °C Ober-/Unterhitze 30 Minuten backen.

Backkartoffeln mit Lorbeerblatt

Kleine Kartoffeln schälen, längs einschneiden. Lorbeerblatt hineinstecken. Bei 200°C Ober-/ Unterhitze etwa 30 Minuten backen.

Kartoffelkugeln

Der Vorteil der kleinen Kugeln: Sie garen schnell durch. Größere Kartoffeln schälen. Rundherum mit einem Kugelausstecher Kugeln herausstechen. Damit die rohen Kugeln nicht braun werden, mit einem feuchten Tuch abdecken.

Kartoffelsticks

Rohe Kartoffel in Scheiben schneiden. Daraus feine Stäbchen schneiden, frittieren. Damit ein Körbchen daraus entsteht, einige Stäbchen vorfrittieren. Dann zwischen zwei Drahtsieben zusammenpressen, frittieren. Zum Garnieren das Körbchen füllen.

Kartoffelriffel

Gegarte Kartoffeln mit einem Buntmesser in Scheiben schneiden. Die geriffelten Scheiben sehen für eine festliche Beilage einfach schöner aus. Auch Gratins geraten so noch attraktiver.

Herzoginkartoffeln

Gegarte Salzkartoffeln durch eine Kartoffelpresse drücken. Die Masse in einen Spritzbeutel füllen. Ein Backblech mit Backpapier auslegen. Tuffs, Kringel oder andere Muster aufspritzen. Mit Eigelb bestreichen. Bei 200°C etwa 10 Minuten überbacken.

Katerfrühstück – schnell wieder fit

Feiern ohne Kater – das geht auch. Der Brummschädel am Morgen ist eigentlich nur die Folge des zu viel konsumierten Alkohols. Die Gründe dafür sind biologischer Natur. Alkohol entzieht dem Körper Flüssigkeit und wichtige Mineralstoffe wie Natrium und Magnesium. Dieser Mineralien- und Flüssigkeitsentzug belastet den Körper stark. Beachtet man ein paar Grundregeln, lässt sich der berühmte Kater vermeiden. Vor oder auf der Feier sollte man sich eher an fettreiche Kost halten. Fett verlangsamt die Aufnahme von Alkohol im Blut. Es ist auch empfehlenswert bei einer Alkoholsorte im Laufe der Feier zu bleiben. Dunkle Getränke, wie Rotwein, Brandy, Cognac und Whisky sollte man meiden. Denn die verursachen den ärgsten Brummschädel. Wenn Alkohol, dann lieber zu Weißwein oder Wodka greifen. Salzige Knabbereien wie Chips, Nüsse und Salzstangen gleichen den Verlust an Mineralien wieder aus. Wenn alles nichts gebracht hat und sich am nächsten Morgen Kopfschmerzen und Magenbeschwerden einstellen, dann hilft nur noch das Katerfrühstück. Auch ohne einen Kater zu haben, macht so ein Frühstück Spaß. Für manch einen geht die Feier auf diese Art einfach weiter. Für das Katerfrühstück braucht man viel Obst und Vollkornbrot. Ganz wichtig: eingelegten und geräucherten Fisch. Mineralwasser oder Fruchtsaftschorle sind jetzt die richtigen Getränke. Die darin enthaltenen Salze tragen dazu bei, den Mineralhaushalt wieder in Ordnung zu bringen. Mit einem guten Katerfrühstück ist man garantiert bald wieder fit.

Muntermacher fürs Frühstück

Frische Luft und Bewegung sind bei allen kulinarischen Gegenmaßnahmen ein sinnvoller Ausgleich. Der Kreislauf kommt in Schwung und die Kopfschmerzen lassen nach. Damit kehrt auch der Appetit zurück. Sehr viel zu trinken ist jetzt auch hilfreich. Aber möglichst nicht da weitermachen, wo man am Abend aufgehört hat. Jetzt gilt es die Flüssigkeits- und

Mineralstoffdepots wieder aufzufüllen. Darum ist ein Katerfrühstück auch alles andere als das klassische Frühstück mit Brötchen, Butter und Marmelade. Auf den Frühstückstisch kommt alles, was viele Vitamine und Mineralstoffe enthält. Da man als Gastgeber meistens selber mitgefeiert hat, bleibt wenig Zeit für die Frühstücksvorbereitungen. Die meisten Katerkiller, wie Obst, Vollkornbrot, Rollmöpse oder Räucherfisch sind leicht zu besorgen. Möchte man seine Gäste über die Feier hinaus verwöhnen, sollte man die Vorbereitungen für das Katerfrühstück bei der Gesamtplanung mitberücksichtigen. Die Dekoration eines Katerfrühstücks gestaltet sich recht einfach. Die Speisen können ganz rustikal auf flachem Schiefer und Steinen angerichtet werden. Oder einfach auf Glasplatten. Als Unterlage für die Speisen sind Salatblätter bestens geeignet. Zwischen den Platten machen sich weiße Kiesel und andere Steine gut. Als Farbtupfer wird ein farbiges Chiffontuch oder eine Stoffbahn locker dazwischen drapiert.

Getränke

Heißer kräftiger Tee belebt die müden Geister. Kaffee wirkt zwar zugunsten des Alkohols, trotzdem ist sein Geschmack eine Wohltat. Ein ganz wirksamer Muntermacher ist gewürzter Tomatensaft. Pfeffer bringt hier den besonderen Kick. Je schärfer der Gemüsesaft gewürzt wird, desto effektiver wirkt er gegen den Kater. Außerdem stillt er hervorragend den Nachdurst. Fruchtsäfte – am besten frisch gepresst – sorgen für Vitaminschübe. Da der Nachdurst meistens groß ist, sollten alle Getränke in ausreichender Menge vorhanden sein.

Obst und Gemüse

Frisches Obst findet jetzt reißenden Absatz. Ob im Ganzen, in Stückchen, zu Spießen zurechtgemacht oder als Obstsalat – der frische, süß-säuerliche Geschmack tut unheimlich gut. Alles, was sauer ist kommt beim Katerfrühstück gut an. Denn Säure regt den Magen an und bringt den Stoffwechsel auf Trab. Das gilt auch für Gemüse. Mariniertes Gemüse ist daher ideal. Entweder aus dem Glas, wie Mixpickels, oder selbst gemacht. Das Marinieren von Gemüse gelingt leicht. Dazu z. B. Möhren, rote Zwiebeln, Blumenkohl oder Brokkoli kurz garen. Dann in eine Marinade geben und einige Zeit darin ziehen lassen. Das marinierte Gemüse passt geschmacklich hervorragend zu Räucherfisch, der nicht fehlen sollte.

Fischspezialitäten

Kein Katerfrühstück ohne Fisch. Aber nicht nur saure Heringe und Rollmöpse sind gut gegen den Kater. Auch geräucherter Fisch verfehlt nicht seine Wirkung. Eine Platte mit Räucherfisch anzubieten, ist darüber hinaus immer eine gute Idee. Mal etwas ganz anderes zum Frühstück oder Brunch. Die Palette an Räucherfisch ist groß: Makrele, Forelle, Heilbutt, Stremellachs und viele Sorten mehr. Zusätzlich variieren die Produkte in der Herstellungsart und Geschmacksrichtung. Räucherfisch appetitlich vorzubereiten geht schnell. Längliche Fischfilets schräg in gleich große Stücke schneiden und nebeneinander anrichten. Fischspieße lassen sich in allen Variationen vorbereiten. Dazu frisches Fischfilet, wie Lachs, in große Würfel schneiden, braten und würzen. Abwechselnd mit marinierten Zwiebeln und Paprika auf Spieße setzen. Oder zunächst den gebratenen Fisch wie das Gemüse marinieren lassen und später aufspießen. Die angerichteten Platten mit Gurkenscheiben und Gurkenfächern garnieren. Eingelegte Bratheringe und Heringssalat sind ebenfalls beliebte Fischspezialitäten, die keine Vorbereitungszeit in Anspruch nehmen. Vollkornbrot passt geschmacklich bestens zu den deftigen Fischportionen. Außerdem ist Vollkornbrot reich an Magnesium und enthält zusätzlich das jetzt wichtige Vitamin B.

Katerkiller – Rollmöpse & Co

Rollmöpse

Rollmöpse zählen zu den klassischen Varianten fürs Katerfrühstück. Aus gutem Grund: Rollmöpse ersetzen das fehlende Natrium im Körper. Neben den käuflichen Rollmops-Produkten kann man die Heringshappen auch selber rollen. Für die Füllung nimmt man mariniertes Gemüse und saure Gürkchen.

Prairie-Auster

Mit diesem Getränk kriegt man jeden wieder auf die Beine. Dazu eine Cocktailschale oder ein Longdrinkglas mit Olivenöl ausschwenken. 2 große Esslöffel Tomatenketchup hineingeben. 1 Eidotter dazu geben. Mit Salz, Pfeffer, Tabasco, Worcestersauce und Limettensaft würzen und umrühren. Zu diesem scharfen Muntermacher serviert man ein Glas Eiswasser.

Glasranddeko

Eine rohe oder kurz gegarte Möhre in etwa 5 cm lange Stücke schneiden. Die Stücke längs in Scheiben schneiden. Mit einem spitzen Messer senkrecht feine Fransen einschneiden. Der Möhrenfächer ist eine hübsche Dekoration für die würzigen Drinks.

Rollmops selbst gerollt

Für die Füllung kleine Möhrchen schälen und dünsten. Den Stielansatz dran lassen. Die garen Möhrchen einige Zeit marinieren lassen. Maiskölbchen und Gewürzgurke kommen aus dem Glas. Die marinierten Heringsfilets mit der Haut nach unten glatt hinlegen.

2 bis 3 Möhrchen, 1 Maiskolben und 1 Gewürzgurke darauf legen. Das Fischfilet möglichst fest aufrollen. Mit den bereit gelegten Schnittlauchhalmen umwickeln und fest verknoten. Rollmöpse auf Salatblättern anrichten und mit Holzspieß versehen.

„Bloody Mary" und „Virgin Mary"

Dieser würzige Drink schmeckt mit und ohne Alkohol. Für die „Bloody Mary" 5 cl Wodka, 1 cl Lemon Juice, Selleriesalz, Worcestersauce, frisch gemahlener Pfeffer, Tabasco und 11 cl Tomatensaft in einen Cocktail-Shaker geben. Chrush-Eis hinzufügen und kräftig schütteln. Anstatt Wodka kann man auch Aquavit oder Tequila nehmen. Für die alkoholfreie Variante „Virgin Mary" lässt man einfach den Wodka weg.

Werkzeuge – praktisch und speziell

Garnieren, verzieren und dekorieren sind die letzten und schönsten Arbeiten bei der Zubereitung. Mit Hingabe, Geduld sowie Kreativität krönt man damit jeden Tisch und jede Speise. Qualitativ hochwertiges Küchenwerkzeug ist die Grundlage für gutes Gelingen. Zusätzlich gibt es einiges an Spezialwerkzeugen. Mit den nützlichen Helfern lassen sich die Zutaten auf professionelle Art bearbeiten. Das spart viele umständliche Handgriffe und langwierige Bemühungen. „Gewusst wie" heißt die Devise beim Garnieren und Dekorieren.

Die Messer

Die wichtigsten Werkzeuge sind die Messer. Egal ob groß oder klein, stumpf oder spitz – gut geschärft sollten sie sein. Zur Idealausstattung gehört ein 20 cm langes Messer mit biegsamer Klinge. Ein kleines Küchenmesser sowie ein kleines Schälmesser mit spitzer, gebogener Klinge. Darüber hinaus lässt sich das Messersortiment mit vielen weiteren Spezialmessern ergänzen.

Die Spezialwerkzeuge

Praktisch, gut und sehr speziell ist die Vielzahl an weiteren Küchenhelfern. Ein Zestenreißer schabt feine Späne aus Obstschalen und Gemüse. Das Kanneliermesser zieht gleichmäßige Kerben in Gemüse. Der Apfelausstecher entkernt Kernobst. Der Kugelausstecher formt aus Obst und Gemüse vielseitig verwendbare Kugeln. Mit dem Buntmesser entstehen geriffelte Scheiben und Stückchen. Die Ausstechförmchen sind für die Herstellung vieler Formen und Figuren hilfreich. Praktisch sind auch Eierschneider, Apfelteiler, Sparschäler, Teigrädchen und Spritztülle.

Register

A

Adventsschmuck für den Tisch 134

Adventstee – gemütliche Vorfreude 132–141

Anregungen und Ideen 57

Äpfel und Birnen – verspielte Früchte . 116

B

Bezaubernde Eierparade 22

Blumen – sagen mehr als Worte 12

Buffet – heißkalte Überraschung 112–123

Buffet – Vielfalt für Auge und Gaumen 118

Butter – figürlicher Schmelz 24

C/D

Cocktails und Canapés – geadelte Genüsse 43

Der Duft des Südens – Kräuter....... 96

Desserts – süß, wie die Liebe 84

Dinner for two – stimmungsvoll genießen 10–17

E

Ein Muttertagstraum – Erdbeerkuchen 34

Erntedankbuffet – natürliche Pracht... 126

Erntedankfest – kulinarisches Dankeschön 124–131

Es weihnachtet auf dem Tisch 144

Exoten auf dem Tisch.............. 111

F

Farbenspiele und Füllungen 93

Festliche Sommertorte............. 70

Festtagsbraten – appetitlich dekoriert . 146

Fingerfood – fantastisch handlich 41

Fladenbrot & Quiche 129

Freiluftmenü – der Appetit kommt von allein 49

Frohe Ostern – selbst gemacht....... 20

G/H

Gebackener Blumenkorb 130

Gelee – transparente Kreationen 60

Gezuckerte Blüten und Früchte....... 17

Gläserdekorationen – klirrende Schönheiten.................... 38

Hits for Kids 65

Hochzeit – das Glück verschönern ... 80–89

Hochzeitssuppe – hübsche Einlagen .. 82

I/J

Italienischer Abend – die pure Lebensfreude................... 90–99

Japanische Gemüsedekorationen 104

Japanischer Abend – fernöstliche Lebensart 100–111

K

Kaffeetafel – die schönste Zeit des Tages 68–79

Kartoffeln – festliche Variationen ... 148

Käsestangen – pikante Knabberei. 139
Katerfrühstück – schnell wieder fit 150–155
Katerkiller – Rollmöpse & Co 154
Kinderfest – fantasievoll inszeniert. . . . 54–67
Kuchen – klein aber fein 63
Kunst aus Käse 27
Kunstvolles Zierwerk 106

M/N

Marzipan – süße Knete 66
Marzipanhülle für Torten 74
Melonen und Feigen – fruchtige Dekohits 98
Muntermacher fürs Frühstück. 152
Muttertagsfrühstück – liebevolles Dankeschön 28–35
Naschwerk zum Verlieben 88

O/P

Osterbrunch – Frühling auf dem Tisch 18–27
Picknick – Schlemmerpause im Grünen 46–53
Picknick 52
Plätzchen – schöne Weihnachtsbäckerei 140

R/S

Ran an's Buffet – der Aufbau 122
Rosetten und Girlanden. 86
Sandwiches – feine Brotzeit 137
Schleifen – Bänder der Liebe. 31
Schokoladenfrüchte – unwiderstehlich gut 44
Schöne Schnitttechniken 108
Sektempfang – ein prickelndes Ereignis 36–45
Servietten – haben Stil 14
Süße Show – Flambiertes & Flammeri 120

T

Tomaten – sonnenverwöhnte Schönheiten 94
Tortenverzierungen mit Schablonen. . . 76
Tortenzauber – verzieren und dekorieren 78
Transportfertiges Picknickmenü 50
Typisch japanisch 103

V/W

Von der Platte zum Blickfang 114
Wackelpeter – beliebter Glibber 58
Weihnachtsmenü – der Höhepunkt des Jahres 142–149
Werkzeuge – praktisch und speziell . . . 156–157

Z

Zitrusfrüchte – sauer macht lustig 32
Zuckerguss – Verzierungen aus der Tüte 72

Für Fragen, Vorschläge oder Anregungen stehen Ihnen der Verbraucherservice der Dr. Oetker Versuchsküche Telefon: 00800 71 72 73 74 Mo.–Fr. 8:00–18:00 Uhr (gebührenfrei in Deutschland) oder die Mitarbeiter des Dr. Oetker Verlages
Telefon: +49 (0) 521 52 06 42 Mo.–Fr. 9:00–15:00 Uhr
zur Verfügung.

Umwelthinweis: Dieses Buch und der Einband wurden auf FSC®-zertifiziertem, chlorfrei gebleichtem Papier gedruckt.
Die Einschrumpffolie – zum Schutz vor Verschmutzung – ist aus umweltfreundlichem und recyclingfähigem PE-Material.

FSC www.fsc.org MIX Papier aus verantwortungsvollen Quellen FSC® C013814

Redaktion: Jasmin Gromzik, Miriam Krampitz

Titelfotos: Thomas Diercks, Hamburg
Innenfotos: Brigitte Wegner, Bielefeld

Foodstyling: Claudia Potgeter, Nordhorn
Anke Rabeler, Berlin
Eike Upmeier-Lorenz, Hamburg

Text: Textkultur, Gütersloh

Titelgestaltung: kontur:design, Bielefeld

Graphisches Konzept und Satz: MDH Haselhorst, Bielefeld

Reproduktionen: Mohn media Mohndruck GmbH, Gütersloh
Druck und Bindung: Castelli Bolis S.p.A, Cenate Sotto (BG)

ISBN: 978-3-7670-1348-3